対話の達人Ⅲ

——進化・深化・真価

『対話の達人』取材チーム◎著

BELLSYSTEM24®

目次

第4章 パートナーと呼ばれるようになるまで
～顧客とともに成長する～

序　章

ベルシステム24はどこへ向かうのか

コールセンター市場は1兆円規模？

コールセンター、テレマーケティング、コンタクトセンター、CRM（Customer Relationship Management）……。この業界を表す呼称はさまざまですが、一般にはどれもいまひとつわかりにくいような気がします。あえてその定義のようなものをシンプルに言葉にするならば、「企業とそのカスタマーを双方向につなぐ機能」ということになるのでしょうか。――よけいに難しくなったかもしれません。

電話を活用した問い合わせ対応窓口「コールセンター」、単に受動的な問い合わせ対応だけでなく企業からカスタマーに能動的にアプローチし、その声を商品やサービスに生かそうという意図を表した「テレマーケティング」、電話だけでなくEメールやSNSなど多様なコミュニケーション手段を活用する「コンタクトセンター」、そして企業とカスタマーとの関係をもっと緊密なものにしたいという経営的意思を示した「CRM」。時代の流れやツールの発達、サービスそのものの変化に比例し、呼び名にもいろいろな意味合いが込められていますが、それらすべて含めて、ここでは「コールセンター」と呼ぶことにします。

さて、コールセンターの始まりは１９８０年代初頭、転送電話機能を活用した「秘書代行サービス」がその発祥といわれています。この時代、あらゆる業種業界の企業業績が爆発的に成長する状況に伴い、企業とカスタマーとの接点も飛躍的に増えました。その役割を担ったのがコールセンターですが、企業は事業効率重視の観点から、コールセンターの自社保有よりもアウトソーシングの手段を選び、その後押しを受けてコールセンターアウトソーシングビジネスは一気に「市場」という規模にまで成長しました。

市場が拡大すればプレーヤーも増えるのがビジネスの常です。コールセンターは「電話とオペレーターがいればできる」という参入障壁の低いビジネスである(かのように見えた)ためか、規模の大小を問わず多彩な顔ぶれのアウトソーサーが急増しました。また同時に、企業によっては、より固有のニーズを反映させた自社保有のコールセンター運営へと回帰するところも出てきました。

こうしてこの市場はさまざまなファクターで成長し、現在ではコールセンターアウトソーシング市場規模約6000億円、さらにアウトソースされていない潜在市場がそれと同等ないしそれ以上の規模で存在する、といわれています。合計すれば、我が国のコールセンターは実に1兆円を超える経済規模で活動しているのです。

30年以上にわたり業界をリードしてきたベルシステム24

1982年、ベルシステム24はこうした日本のコールセンターアウトソーシングビジネスの先駆者として創業いたしました。以来、コールセンターサービスにおけるさまざまなスタンダードをつくってきたものと自負しています。

現在では、北は旭川から南は沖縄まで全国に26カ所、約14000席の自社センターを保有し、約26000人のオペレーターが当社センターやクライアント企業様のセンターで活躍しています（2016年2月時点）。

こうした体制下で当社は、通信・運輸・金融・マスコミ・流通・製造・公共など、あらゆる業種業界の業務を受託しており、お取り引きいただいているクライアント企業様の数は3000社以上にのぼります。メーカー等のカスタマーサポートや、デジタルデバイスのテクニカルサポート、通販やEコマースのお問い合わせ窓口、リコールの緊急受付窓口、セールスのアウトバウンド（架電業務）など、「電話」を主軸とするさまざまなコミュニケーション形態で、クライアント企業様とそのカスタマーを日々つないでいます。また電話応対以外にも、WEB制作や選挙の出口調査、フィールド営業など、〝コール〟から派生した多様な領域の業務を受託しています。

さらに当社は、システム投資にも積極的に取り組んでいます。自社クラウドにコールセンターシステムを集中搭載しているため、PBXなどの機器をわざわざ設置する必要がなく、スピーディーに効率よくセンターを開設・運用することを可能にしています。また、各センターをクラウドで接続し、一つのバーチャルセンターとして有機的に機能させることも実現。それに加えて、オペレーションと併せて当社クラウドを〝パブリッククラウド〟としてご利用いただき、クライアント企業様のシステム投資を省力化するというサービスも提供しています。このようなテクノロジー面でのメリットも生かして、クライアント企業様のニーズに対応しています。

『対話の達人』も進化する

ベルシステム24は、規模、業容、テクノロジー面で業界をリードしてまいりましたが、それ以上に大きな特長は、連綿と受け継がれてきた「対話力」だといえます。全国のコールセンターに勤務する約26000人のオペレーターが、日々電話やメールを通して一人ひとりのお客様と真剣に向き合い、場合によってはお客様の人生と対話することにやりがいや成長を感じ、ときにはお叱りの中から学んでいます。そうして電話をかけてこられたお客様にご満足いただき、クライアント企業様へのロイヤルティ向上に貢献することに注力してまいりました。この現場でのリアルな様子をお伝えしたく、創業20周年には『対話の達人〜顧客対応の365日〜』を、創業30周年には『対話の達人Ⅱ〜対話の力で世界を変える〜』を出版いたしました。

この2冊では現場最前線のオペレーターたちによるエッセイを集めて編集し、コールセンターの日常的な現場シーンから切り取った苦労、工夫、喜怒哀楽、思い、気づきなどを紹介させていただきました。お読みいただいた方からは異口同音に「よかった」「面白かった」とご感想をいただき、ときには新聞記者の方から「この本にエッセイを書かれたオペレーターを取材させてほしい」というご依頼もいただきました。ありがとうございます。

さて、２０１５年11月にベルシステム24ホールディングスが上場を果たした今、来し方行く末を思いつつ、「進化」という命題について、あえて自問を投げかけてみます。

「ベルシステム24は、規模、業容、テクノロジー、対話力などさまざまな面で成長をし続け、世の中にサービスを提供してきたが、我々のこれまでの、そしてこれからの『進化』とは、いったい何をもって語られるべきなのだろう？」

サービスの進化というときに、まず連想するのがテクノロジーでしょう。コールセンタービジネスにおいても、今述べたようにおおいにテクノロジーを活用してきましたし、さらにこれからは音声認識、データ解析、感情認識、そしてＡＩ（人工知能）と、コミュニケーションそのものをガラリと変えるようなテクノロジーをいかに活用するか、その研究と実証実験が真っ盛りです。もちろん当社も、積極的に取り組んでいます。

しかしコールセンターの、あるいはベルシステム24の「進化」の観点は本当にそれだけか――。テクノロジーによる劇的な変化にも勝る、人の手による「深化」ともいうべき際立った「真価」があるのではないか――。

そこで私たちは、ベルシステム24の「進化」を多様な側面から整理するべく、客観的な目線で自社探索をしてみることにいたしました。

今回、企業取材の実績を多数もつライター3名に「『対話の達人Ⅲ』取材チーム」を結成してもらい、当社の現場に出向いてリアルな姿を体感してもらいました。そこから、ベルシステム24が繰り広げるコールセンタービジネスの「進化」や「深化」を多角的に紐解いてもらい、現在から未来につながる「真価」を見出してみようと、『対話の達人Ⅲ』として出版するに至りました。そしてサブタイトルは「進化・深化・真価」。

この進化した『対話の達人Ⅲ』から、コールセンタービジネスの、そしてベルシステム24の「進化・深化・真価」を読み取っていただければ幸いです。

ベルシステム24

第1章

あくなき改善の原動力

～連綿と受け継がれるＤＮＡ～

――改善を継続し、数値目標を達成できたとしよう。しかし、不思議なことに、この会社の改善はそこで止まろうとはしない――

（36頁）

「Q-One」――改善活動の総本山

２０１６年1月21日。暖冬とはいえ、風の冷たい冬らしい日だった。しかし、東京・代々木にある国立青少年オリンピック記念センターの大会議室は、３００人以上の人々が発する静かな熱気に包まれていた。

ここは、ベルシステム24「Q-One Awards 2015」の本選会場だ。「Q-One Awards」(以下、Q-One)というのは、年１回開催されるベルシステム24のサービス品質向上のための改善活動コンテストで、この日は全国のエリア代表6チームが、全役員および全国の精鋭たちの前でプレゼンテーションを行うことになっている。

コールセンターをはじめとするオペレーションの現場では、日々、サービス品質向上のための改善活動に取り組まれている。Q-Oneにエントリーされるのは、毎日のトライ&エラーの中で見出されてきたツールや手法の中で、改善に大きな力を発揮した施策だ。それらはまずグループやチームから出され、局内での選抜を経てエリアに上げられる。各エリアでは予選を行い、10チーム以上の改善事例からエリア代表の1チームを選ぶ。つまりQ-Oneの裾野では200を超える改善事例が名乗りを上げており、本選出場の6チームの取り組みは、「エリア一の自信作」ということになる。

この中から、グランプリ、営業賞、ギャラリー賞が決定する。この日は現場で磨き上げられた知恵と知恵がぶつかり合い、火花を散らす決戦の日というわけだ。

ベルシステム24の社員は、この日を特別な日と感じているという。それは、日頃、成果発表の舞台に立つことのない現場のオペレーターやスーパーバイザーたちの働きにスポットライトが当たる希少な機会ということもあるし、全役員と全国の社員とが一堂に会する一年で唯一の場だから、ということもあるだろう。

そのような大イベントの会場に漂っていたのは、エリア代表を応援するために全国から駆けつけてきた仲間たちの熱気であり、各地の優れた取り組みを知りたいというポジティブなエネルギーだった。

「要するに、ただの改善活動の発表会じゃないか」、そう思う人もいるかもしれない。もちろん改善活動はどのような会社でも日々行われており、それ自体はめずらしくない。しかし、ベルシステム24の改善活動は「ただの改善活動」といって終わるものではないように思われる。

競合のコールセンターで働く、ベルシステム24経験者はいう。

「こちらではベルほど日常的に改善に取り組むことはない。どうしてベルでは皆、あんなに一生懸命だったんだろう」

他社からベルシステム24に来た人もいう。

「どうして皆、ここまでやるんだろうと、最初はとても驚いた」

やはり何かがある。いったい他社と何が違うのか。ベルシステム24に脈々と流れているらしい「改善のDNA」の根幹を探るため、改善活動の「総本山」ともいうべきQ-Oneのイベントを見せていただくことにした。

品質・生産性を最大化する、日々の地道な取り組み

この日に発表された施策は、たとえば次のようなものだ。

外資系IT企業の業務は契約条件が緻密で、自由な試行錯誤がしにくい。その中で生産性向上のための方法を模索し、オペレーターのグルーピングを変更することによ

って平均処理時間を大幅に短縮したアイデア。オペレーターを性格別にグループ分けして成果を上げた例は過去にもあったが、ここではあえて就労期間の長さでのみ分けた点がポイントだった。そんな単純なことで、マネジメント層がオペレーターのフォローに費やす工数が減って生産性が大きく上がったという事例は、他のセンターの社員にとっても目からうろこが落ちるような話だったようだ。

あるいは、原価となる人件費の関係から価格競争では不利な首都圏にあるセンターで、それに負けない圧倒的な高品質を生み出すために取り入れたツールやマネジメント手法の紹介。オペレーターのレベルの底上げを図るため、カスタマーとよりスムーズに対話できるようにするトレーニングツールは、確実に品質の向上を実現した。合わせて、これまでのオペレーターごとのＫＰＩ（Key Performance Indicator）の数値からその日のセンター全体のＫＰＩを予測し、弱点強化のための打ち手を毎日日替わりで投じるという、きめ細かなマネジメントも行ったことで、品質の最大化を実現でき、シェアの拡大につなげられたという。

いずれも、時間も人も限られている中で、よりよい品質、より高い価値を生み出すために現場が知恵を絞り、施策を決め、確実に行動して成果を上げた事例ばかりである。

現状を把握し、問題点を抽出し、できるところは数値化し、新たな目標を定め、それを改善するアイデアを絞り出し、実行し、うまくいかなければ再度やり方を考え、再び実行し――。浮かび上がってくるのは、毎日の業務で手いっぱいの中で、改善のPDCAサイクルを地道に回していく姿である。

このような地道な現場の活動は、クライアントから受託した業務の品質・生産性向上に貢献していく。それはもちろん、ベルシステム24自体の収益にも反映する。各チームのプレゼンテーションを通じて伝わってきたのは、一つの改善施策で成果が出ると、単にブースや売上を維持できるというだけではなく、シェアの拡大や新しい業務の受注にもつながり、より多くの成果をもたらす――という、現場における仕事の回り方そのものでもあった。

ただし、Q-Oneの発表だけでは、他社とベルシステム24では根本的に何が違うのか、なぜそこまで常に改善に取り組んでいるのか、といった疑問に対する答えを見出すことは難しかった。そこで、さまざまな立場でQ-Oneにかかわってきた人々に話を聞き、ベルの「改善のDNA」について、突っ込んで探っていくことにする。

優れた知恵を共有したい、その思いが出発点

本章で描こうとしているのは、Q-Oneというイベントそのものについてではない。しかし、Q-Oneが改善活動の総本山であることは事実なので、一度、Q-Oneについて整理してみる。

Q-Oneの歴史は、2006年の「改善事例発表会」という首都圏限定イベントから始まる。それまでも現場ではさまざまな改善活動が行われていたが、それらが表に出る機会はなく、優れた知恵も共有されないまま、それぞれの現場で完結していたという。

「それなら発表会をして、よい事例を共有し、それぞれの現場で取り入れ合うようにしていけばよいのでは?」

オペレーター経験をもつ役員の鶴の一声で、企画が動き始めた。

このときに立ち上げの実務を担い、その後6年ほど事務局を取り仕切ったスタッフは、当時を振り返る。

「私自身、オペレーションの経験が長いのですが、現場では常にさまざまな問題や

課題に直面します。そんなとき、他の人はこういう問題にどう対処し、どう解決しているのか、知りたくてたまりませんでした。でも知るすべがなく、できるのは、上司に相談したり他部署の知り合いと話し合ったりする程度。いつも、なんとかしてよい改善手法や成功事例を共有したいと思っていたんです」

改善すべき現場が目の前にあるのに、適切な打ち手がわからない。Q-One誕生の背景には、事例を共有することで自分の現場の抱える問題を解決し、他の現場にも役立ちたいという、スタッフの切実な思いがあった。

翌2007年には「Q-One Awards」の名称で開催。やはり首都圏だけのイベントだったが大変な盛り上がりを見せ、2008年には全国的なイベントとなった。それが現在に続く第一歩である。

実は、その後の8年間でベルシステム24の経営陣は何回か変わり、そのたびにQ-One事務局は、「このイベントは何なのか。なぜやる必要があるのか」と確認されてきたという。

「そのたびに『とにかく一度見てください』と答えました。実際、一度Q-Oneを見ていただくと、翌年からは何もいわれなくなります。Q-Oneの意義をわかっていただけるのだと思います」

そして2014年、Q-Oneは一段階グレードアップを果たす。それまでは予期せぬ問題発覚に対処する改善事例のエントリーが多かったが、そのような対症療法的な事例よりも、クライアントの要望の先回りをして成果を上げた事例を顕彰するべきではないか。そのような経営層からの提案を受け、Q-Oneへのエントリー基準が引き上げられたのだ。それによって、現在、本選会場で発表される事例は、それまで以上に磨き抜かれた「玉石」の「玉」ばかりとなった。

現場の努力が、改めて日の目を見る

このイベントには、「事例の共有と横展開」に並ぶもう一つの目的がある。「普段スポットライトが当たらない地道な活動に、光を当てること」である。

コールセンター業務では、電話を受け、対応をし、電話を切り、応答内容をパソコンに入力し、また電話を受け――そのような地道な仕事が延々と続く。業務の受託がなくならない限り、明日も、1週間後も、1カ月後も、同じ仕事が続く。そのようなルーティンワークこそがベルシステム24の現場最前線であり、最も大切にすべき基盤である。

だからといって、現場は常にルーティンに安住しているわけではない。単にかかってくる電話を受けていれば成り立つ職場ではないのだ。

クライアントから要求される応答率（かかってきた電話数に対して、応答できた電話数の割合）は達成できているか、処理時間（一通話と、通話終了後の事後処理にかかる時間）は妥当であるか。つまり、生産性は下がっていないか、品質は維持できているかという点において、オペレーターを束ねるスーパーバイザーたちは、いつもシビアな数字と向き合っている。そして、たとえばクライアントが新サービスを投入するなどすれば、コールセンターではその変化に迅速に対応し、たとえオペレーターがその業務に就いたばかりであっても、しかるべきプロセスを経て成果を確実に出していくことを求められる。

しかし、いくら現場の人々が泥くさく地道な汗をかいていたとしても、表面から見えることはない。大きな受注を獲得した営業マンが表彰を受けることはあっても、ブース数の維持に尽力した現場のチームが表彰されることはまずない。だからこその

Q-Oneなのだ。

「自分たちでいうのもおかしいですが、現場ではけっこうすごいことをやっています。クライアントにいわれてから動くようではだめだといわれればそのとおりですが、たとえば、応答率が50%というあり得ない状況があったとします。それに対して改善に取り組み、短期間でクライアントの要望水準を達成するというのは、やはり、仕事に真剣に向き合い、熱意をもって工夫を重ねた結果なのです。そのような努力を顕彰する場が一つくらいあってもいいですよね」

「仕事を守りたい」その思いに衝き動かされて

そんなことは、仕事なのだからやって当たり前、かもしれない。しかし、本当にそれはできて当たり前のことなのだろうか。

コールセンターで働いている人々は、皆が一様に高い能力をもつ精鋭集団なわけではないし、皆が皆、その仕事をしたくて入社してくるモチベーションの高い人たちでもない。オペレーターへの応募理由といえば、多くは「主婦が働く上で、扶養の範囲内でおさめやすく、家事育児と両立させやすいから」であり、「バンドや演劇など、自分が情熱を注ぐことと両立させやすいから」であり、「手に職のない自分にとって、とりあえず手近にある仕事だったから」というようなものだ。採用の時点では能力は未知数、モチベーションだって必ずしも高くはない。

そのようなオペレーターたちが、一業務につき、十数人から、多いところでは100人、200人規模で働いている。その人々を束ね、業務を遂行してもらい、クライアントの要求を満たしていくのが現場管理者たちの仕事だ。アルバイトならファストファッションのショップやコンビニエンスストアにも大勢いるが、働く人々の属性の多様さ、人数の多さは、それらの店の比ではないだろう。そういう人々にサービス改善に率先して協力してもらい、数字を上げていくことが、コールセンターの仕事ということである。

最近までさる拠点のセンター長だった本社スタッフは、「クライアントの要求水準を常に満たしていくことは、正直、そう簡単ではありません」と証言する。

「新人オペレーターが大勢入っても、応対内容が急に変わっても、一定の水準をキープしていかなくてはいけない。そのためには常に改善していかなくては間に合わないのです。人がやる仕事は機械の調整のようにはいきません。改善し続けなければ、品質を上げるどころか、クライアントの要求水準を維持できるかもわからない。それが多くの現場の現実です」

数字が出せなければ、業務は競合に奪われる。すべてを奪われなかったとしても、シェアを減らされる可能性は大いにある。

「改善しなくては自分たちがその仕事を続けていけなくなるし、オペレーターたちの雇用を守ることもできなくなるんです」

たゆまぬ改善への努力のベースにあったのは、そのような切実さだった。

だから、現場は必死である。応答率を上げるにはどうすればよいか、一件の対応時間を短縮するにはどうすればよいか。改善活動というのは、必死で考え、なんとかしたいと現場でもがく行為そのものなのである。

現場での地道でたゆまぬ品質向上への取り組みの背後には、「やらないと仕事自体がなくなってしまう」という厳しい現実があった。

オペレーターがたとえアルバイトだったとしても、しばらくここで働きたいと思っているのであれば、仕事が安定的に続いた方がよい。オペレーターをマネジメントする立場からしても、部下に「来月は契約更新しません」とリストラをいい渡すことはやりたくない仕事だ。

「繁閑の差の激しい業務を担当し、閑散期にオペレーターさんにシフトカットをお願いしたことがあります。そうしたら、自分の母親くらいの年齢のオペレーターさんに泣きつかれたんです。『生活ができなくなるから、なんとかしてもらえませんか』と。この仕事には、100人の生身の人間の生活がかかっているんだと、リアルに実感した瞬間でした」

これは、入社2年目で100人の業務のリーダーとなった男性の話だ。20歳代前半で100人、200人の雇用を守る仕事というのも、そうはないのではないだろうか。

先のQ-One事務局のスタッフも「この会社でオペレーターをしていると、すぐに責任と権限をきちんと与えられます。私も25歳のときに200人のコールセンターのマネージャーとなり、そのときすでに『自分がやらないと』という責任感が芽生えていました」と振り返る。

ベルシステム24で働く人々は、若くして大勢の人々の雇用を守る立場を経験することが多い。だからこそ、「仕事を守りたい」という純粋な思いに衝き動かされ、改善活動に力を注ぐようになるのではないか。それが、第一の仮説である。

お客様に喜んでもらえること、それ自体が喜び

働く人への責任があるから、彼らの仕事を守るために改善活動を続けていくのはわかった。ベルシステム24の改善への情熱の背景にそのような要素があるとしても、はたしてそれだけだろうか。そもそも、品質が下がれば仕事を他社にとられるのは、競合他社にとっても同じことだ。大勢のオペレーターが働き、その人たちを束ねる立場の人がいるという構造も、他社と異なるわけではない。

「他社と違うとすれば、ベルは他社が受けないような仕事も受ける、というところがあるからかもしれませんね」

ある支店を統括する統括部長は、そう示唆した。

他社が受けない仕事とは、一言でいえば条件がよくない仕事、現場の負担が大きくなりすぎる可能性のある仕事、ということである。たとえば、業務開始まであまり日

がなく、新採用のオペレーターの研修が間に合わないと思われる仕事だったり、そもそも採用すべき人数が多すぎてクライアントの求める充足率を達成できない可能性が高い仕事だったり。

「他社が断るような仕事でも、私は、依頼されれば基本的に受けます。お客様の要望には応えたいというのと、多少条件が悪くても必ず収益化してみせるという意地みたいなものでしょうか。でも、そうなると当然、その仕事の初期においては想定するKPIに達するためにいつも以上の労力が要りますよね。電話で応対するのがまだ十分に訓練されていない人たちだったり、その業務に習熟していない人たちだったりするわけですから。だから、改善しないわけにはいかないのです」

大きな負荷のかかる仕事でも受けるのは、ベルシステム24全社に共通する姿勢のようである。守りに入らないチャレンジャーというべきか、「できない」といわぬプライドというべきかはわからないが、とにかく「できることだけやっていればいい」と考える体質の会社ではないことはうかがえる。そのような仕事にも臆さず突っ込んでいく姿勢は、一般的に後発の会社に見られるものであり、業界のトップランナー自らがこういう姿勢をもっているのは、ある意味でめずらしいといえるかもしれない。

とにかく、無理かもしれない仕事を受け、こなし、成果を出さなくてはいけないことが多いのだから、改善に取り組むのは当たり前。まずはクライアントの要望を満たしていかなければならないという、切迫した事情がそこにはある。

さて、そのように改善を継続し、数値目標を達成できたとしよう。しかし、不思議なことに、この会社の改善はそこで止まろうとはしない。改善が「しなくてはいけないこと」ではなくなってからも、マネージャーたちは、クライアントにいわれたこと以上の改善へと突き進んでいく。

そこには、何があるのだろうか。常に数字を突き付けられ、数字に追われ、改善活動に取り組み続けることが、いやになったりはしないのだろうか。

そのような直截的な質問に対し、オペレーション経験の長いスタッフはさらっと答えた。

「長くいる人は、いやになっていないですね」

それはどういうことなのだろう。

「そこにはお客様がいて、仲間がいる。だから、よくなろうとする活動自体は、決していやではないんです。改善をしていけば、クライアントにさらに喜んでいただけるし、電話の向こうのカスタマーにもストレートに伝わるわけですから。それによって自分たちも達成感を得ることができ、仕事をしていく大きなモチベーションが生まれます」

それを聞いていた女性スタッフもいう。

「頑張って改善に取り組んでも、それがすぐにお給料に反映されるわけではありません。でも、別にお金のためにやるのではない。それを成し遂げたことで、相手に喜んでもらえること自体が満足なんです」

実際、契約社員で入ってきたスタッフを正社員に登用するとき、面接で「何があなたのやりがいですか？」「仕事で何を大切にしていますか？」と聞くと、ほとんどの人が「チームで改善に取り組み、クライアントが喜んでくれること」「エンドユーザーにも伝わり、ありがとうと満足してもらえること」「仕事を通じて部下が成長していくこと」と答えるのだという。

先の女性が「相手に喜んでもらえたら満足」と話した、その「相手」の中には、クライアントだけではなく、カスタマーも、チームの仲間も含まれる。

皆で頑張った！　うまくいった！　相手にも喜んでもらえた！　大変だけど、やってよかった！——伝わってくるのは、そのような現場の勢いと思いである。

そして、改善活動を行うことによって現場にもたらされるのは、評価指標の数値の改善だけではない、ということに気づかされる。

そこには純粋な喜びがある。これが第二の仮説といってもよいかもしれない。その喜びは、人が仕事をしていく上での、とても始原的、根源的なモチベーションといえるだろう。

コミュニケーションで築く信頼関係

二つの仮説を拾い集めてきた。とはいえ、まだ釈然としない点も残っている。

たとえば、現場をなんとかしたいと考える管理者が改善に取り組もうとするのはわかる。しかし、社員でもアルバイトでも、皆が皆、このように「改善したい」という強い欲求を抱くものなのか、ということだ。

契約社員から正社員に登用されたという女性スタッフは、オペレーター時代の経験を振り返る。

「私自身も、改善は時間を忘れて夢中になってやりましたね。現場がストレスを感じるのは、改善自体ではなく、むしろ、それをするための十分な時間がないこと。もっと時間があれば、あれもやりたい、これもやりたいと思っているので、実際はそこまでできずにジレンマを感じている人が多かったと思います」

そう、改善に取り組む現場は、決して余裕があるわけではない。常に電話は鳴っている上、クライアントから数字を提出するようにいわれたら、その資料をつくるための時間を捻出する必要もある。

「たとえば、カスタマーのホットボイスを拾おうと思ったとしますね。ホットボイスを拾うことの大切さは、管理者だけでなくオペレーターも十分に認識しています。カスタマーの生の声を収集し、分析すれば、クライアントの利益につながる情報が出てくるわけで、私たちはそれを行って貢献したいと思っているわけです。

でも、実際には通話時間も管理されており、一通話にかける時間が長いと生産性が上がっていないと指摘されます。だから、カスタマーの話を少しだけ聞いて電話を終わらせてしまったりするんですね。貢献したいけれど十分にできない、そういう状況にもどかしさを感じていました」

実際、現場で取り組まれる改善活動は、オペレーターの気づきから生まれるものも多いという。特に改善施策を豊富に打ち出しているチームは、確実にオペレーター発のアイデアが多いところだそうだ。現場をなんとかしたいと思っている管理者は、そのアイデアを拾い上げ、形にし、チーム全体で実行していく。

しかし、管理者がいくら音頭をとっても、それによって改善へのモチベーションの高いオペレーターだけがやる気になっても、そう簡単に100人、200人のチーム全体は動かないだろう。属性もバラバラ、仕事への熱意も人それぞれの多様性のある集団に、同じ方向に向いてもらうことは、並たいていの苦労ではないと思われる。

そこについて尋ねると、

「そこは、コミュニケーションですね」

と、あっさりすまされた。他の人からも同様に、「やはりコミュニケーションしかありませんね」という答えが返ってくる。

「オペレーターも一様ではなく、私のように改善に燃える人もいれば、冷静な人もいます。それぞれの事情で短期間で辞めていく人もいますし、自分の領域の中で淡々と働いている人もいます。そういった多様な価値観をもつ人たちにうまく動いてもらうには、ありきたりかもしれませんが、やはりコミュニケーションが大切だと思います」

彼ら彼女らが大切にしているコミュニケーションとは、どのようなものなのだろうか。

たとえば、スーパーバイザーが、毎日短時間であっても必ず担当オペレーターと一人ひとり対話をする。その中で、「カスタマーに感情的に返されることが多い」「うまく話をつなげられない」などの悩みがあれば、対応の仕方をどう変えればよいかアドバイスしたり、トレーニングツールを紹介したりする。

あるいは、節目節目に簡単な懇親会を開き、仲間意識や、英気を養ってもらう。雑談の中で出てきた何気ない日常の話も、相手を理解する一助となる。「最近、集中できていないのは、お子さんの体調が悪いからかもしれない」というように。

一つひとつは、どれもとてもシンプルなものだ。しかし、そのような日常的なコミュニケーションを積み重ねることで、互いの理解と信頼は築かれていく。

あるスタッフは、入社当初の経験を話してくれた。

「新人時代にクレームの電話を受け、3時間、一度も電話を切らせてもらえなかったことがあります。そのとき、先輩がつきっきりで『こう答えて』『このように応対して』とアドバイスを続けてくれました。そして、ようやくその電話が終わった後、先輩は『今日は疲れたでしょう。もう上がっていいよ。飲みに行こう！』と誘ってくれたんです。現場ではそのようなフォローが自然に行われており、だから私は、ここで一生懸命やっていこうと思うことができました」

他のスタッフもいう。

「主婦の多いセンターでは、よく個人的な相談に乗っていました。『息子が受験なんだけど、あの学校はどんなかしら』とか『一人暮らしを始めるときにはどんな家具が必要なの？』とか。そうすることで、話を聞いてくれる人だと思ってもらえるようになるのではないか、と考えたのです。そのような関係性ができると、いざ改善の旗を振るときに、こちらの話も聞いてくれるのです」

「コミュニケーションは大切ではない」という現場など、どこにもないだろう。彼ら彼女らの話から伝わってくるのは、大切なことはシンプルなものの中にあるという事実だった。

創造への抑えきれない欲求

ところで、この取材を通じて複数の人から「Q‐Oneの事例は、なかなか横展開されない」という言葉が聞かれた。Q‐Oneは事例共有・情報共有を目的に始まったイベントであり、もし本当に横展開されていないのだとすると、イベント自体の意義自体が曖昧になってしまう。

一方で、Q‐Oneを観戦し、過去に受賞した施策の資料も見た立場としては、これが横展開されないというのは、にわかに信じがたいという思いもあった。改善事例は十分に示唆に富むものであり、同じような業務に携わり、同じような問題に悩む人が、ここからヒントを得ないなどということは考えにくいのだ。

現場に脈々と流れる改善のDNAと、優れた施策が横展開されないという嘆き。ここには何か関係があるのだろうか。そこを探るため、Q‐One受賞チームを連続して出している拠点を訪ねることにした。

そこでまず話を聞いたのは、アイデアマンとして知られる名物統括部長だ。数々の斬新な施策それぞれが成果を出しているのは、現場から出てきたアイデアをブラッシユアップし、管理者たちに実行させ、その成果を確認し、さらに改善を積み重ねて数字をつくっていく、この統括部長の手腕があるからこそともいえるような人だという。

現場をよく知る統括部長は、開口一番、「共有されないのも、当然のところはある」といった。

現場はそれぞれ異なる事情を抱えている。規模も違えば、業務によってカスタマーの特徴も違う。そこで働く人たちの属性も違うし、起こるトラブルも異なる。いくらよい施策でも、その現場に合うとは限らない。それに、いくら導入時に効率的であったとしても、長く継続して運用していけるかどうかで、最終的なアウトプットは大いに異なる。その現場で続けられない施策であれば、導入当初はよくても、最終的なアウトプットは劣化する可能性もある——。

なるほど、そういうものかと思う一方で、しかし他の施策を流用することはできるのではないか、とも感じる。

統括部長は続ける。

「若い時期には他の事例を研究し、自分の中にインプットしていく時期があっていいと思います。しかし、その時期を通り越すと、改善とか運用は自分でやりたいものなんですよ」

コールセンターの仕事というのは、あらかじめ決められた業務フローで対応し、相手のニーズにお応えする仕事である。クライアントの業務内容によって受け答えする内容や応対する手順は異なるが、オペレーター一人ひとりにしてみれば、自分たちの仕事は「いつも同じことをする仕事」「地道なルーティンワーク」ということができる。

しかし、オペレーターも「人」である。ルーティンワークの中だけに、やりがいや働く喜びを見出すことは、そう簡単ではないかもしれない。もちろんそれが向いている人もいるだろうが、それでは飽き足らない人だっているわけだ。

「問題が起きたとき、自分でもどうすればよいかを考えたい。考えたことを試して、どうなるか見てみたい。そのような〝自己表現〟や〝創造〟に対する枯渇感は、確実にあると思いますね」

そういうことだったか。これについては、すんなりと得心できた。それはある人工知能（ＡＩ）の研究者の話を思い出したからだ。その研究者は「ＡＩの研究が進んでいくことは、決して明るい側面ばかりではない」といった。よくいわれていることではあるが、現在人が行っている仕事のうち、単純労働の多くは将来的にＡＩに置き換えることができるようになるだろう。それはその労働に就いている人々の仕事を奪うことになる、と。

では、そのような時代になっても、ＡＩに取って代わられない仕事は何だろうか。それはおそらく、クリエイティブな仕事であろう。そう思いをめぐらせた瞬間、私は気づいた。人間という存在の本質は創造性にあるのではないか、創造性こそが人間を人間たらしめているものなのではないか。

統括部長は続ける。

「ものごとをよくしていこうというときくらい、オリジナルなものを考えていきたい。そういう思いが人々の中から噴出してくる、そういうことではないでしょうか」

カスタマーからの電話に、１日何時間も応対し続けるのは大変なことだ。多くの時間をそのような仕事に費やすオペレーターたちの中には、決まったことより変化球に対応したいと考える人も、一定以上の割合で出てくる。そしてルーティンワークの中で改善すべきことが起こったとき、創造への欲求が目覚めてしまうのだ。それが「改善しなきゃ！」という情熱につながる、というわけだ。

だからこそ、「他でこうやったのなら、俺たちはそうではなく、こういうやり方でいこう」と、知恵を凝らしながら改善を進め、成功させていく。マネージャーはオペレーターからほとばしる情熱をうまくすくい上げ、独自の改善プロセスに乗せていくことに、喜びや満足感を見出していく。

会社としては、ここに似たような事例があるのに、わざわざオリジナルを生み出していくのは効率が悪いと考えるかもしれない。しかし、現場の人たちはいうだろう。

「これをするから、仕事は面白いのだ」

創造性を発揮したい。ルーティンワークの中での創造性への渇望感が、改善に向かう情熱となる。横展開がなかなかなされない背景を追っていたところ、どうやら偶然にも三つめの仮説と遭遇したといえそうである。

改善こそがベルの付加価値

しかし、創造への欲求を爆発させるからといって、先行事例を横展開しないとは限らない。

オリジナルの改善施策に取り組む人たちも、当然、他のチームの施策の進め方を知っており、それを見て、「よし、自分たちも！」という思いを抱く。用いるツールこそ同じではないが、改善に取り組む〝スピリッツ〟は継承されているといってもいいのではないか。「共有されていない」というのは、「共有」「横展開」を狭い範囲で限定的に考えているからにすぎないのではないだろうか。

そう思いながら訪ねたのは、Ｑ‐Ｏｎｅでの受賞歴をもつチームである。オペレーションの現場で、センターの居住性を高めるような細かい改善から、徹底した業務管理を積み重ねていくマネジメントの本流にかかわる改善まで、多種多様な改善に日々取り組んでいるという。

細かい改善というのは、たとえば、疲労を軽減するには糖分摂取が有効だと聞けば、自由に口にできる飴を置くとか、窓のある部屋から窓のない部屋に引っ越したセンターには、風景写真を大型の印刷機で出力して貼って窓の代わりにするとか、日々の効率アップのための小さな工夫のことだ。コールセンターではどこでも多かれ少なかれ、このような試みはしているだろう。

そして本流にかかわる改善というのは、ＫＰＩ数値を向上させ、同時にクライアントにも効率改善の提案をしてクライアント自身の業績を伸ばしていくものだ。

どうしてここまで、日々、多種多様な改善に取り組んでいけるのだろうか。その尽きない情熱はどこから来るのだろうか。これまで何度もしてきた質問を口に出した瞬間、

「逆に質問させてください。ベルの価値は何だと思いますか？」

と、彼らはいった。

「価格やＫＰＩの数値だけで考えれば、クライアントにとってベルよりも条件のよいベンダーはいくつもあります。その中で当社に発注してよかったと思ってもらうためには、他のベンダーにできないことをして差別化しなければいけません。それこそがベルの付加価値であり、上司からもずっと差別化を図るよう教育されてきました。では、その付加価値はどこから生まれるのだと思いますか？」

彼らは断言した。

「ベルの付加価値を生むものこそが、改善の継続なのです」

そもそもＫＰＩは、きちんと達成されることを前提に設定されている。その水準を維持すること自体も簡単ではないことがわかったが、それでも数値目標の達成が前提

であることには違いはない。とすると、ＫＰＩの数値で他社より優位に立っていくことの他に、会社としては何か特別な強みをクライアントに示すべきなのだ。

「付加価値によって差別化しないと、そもそも仕事が来なくなります」

やはりここで話をしてくれたスタッフも、仕事を他のベンダーに奪われて苦い思いをした経験があるのだという。

「チームリーダーを務めていたとき、オペレーターに『来月から仕事がありません、ごめんなさい』といいました。辛かったです」

この経験が、別の会社が選ばれ、自分たちが選ばれなかった理由を真剣に考えるきっかけとなった。

「同じ価格で同じ成績のときに、どうしたらベルに発注してもらえるのか。さらにいえば、他社より高い価格であっても、ベルに頼みたいといってもらえるにはどうしたらよいのか。そこから私は、ベルの価値とは何なのだろうかという問いに向き合い始めたのです」

だからこその、継続的な改善なのだ。改善と提案を続けることこそが、ベルシステム24の付加価値だと彼らは考えているのだ。

「付加価値については、上司からも、日々の仕事の中で当たり前のようにいわれますね。たとえば、月に数千万円の売上のあるクライアントを担当していたとき、最初は安定的に運営していただけだったのですが、上司から『その規模のお客様であれば、付加価値をつけないとお客様の気持ちは離れるんじゃないの?』と指摘されました。運用上の規則が厳格に決められていて、勝手にできないことも多いですが、その中でできる最大限のことをやる。それが付加価値なんだよ、と」

その仕事は自分で獲得したわけではなく、一から立ち上げたわけでもなく、別のスタッフから引き継いだ仕事だった。決して手は抜いていなかったが、そのクライアントのために何ができるか、考え抜いていなかった自分に気がついた。そのとき、決意したという。

「できることは何でもやろう、やり続けよう」

変化する現場では、立ち止まってはいられない

先にも述べたが、オペレーション業務は、一度手順を決めたら、その後はずっとそ

のままでよいなどということはまったくない。クライアントは時勢や会社の方針によって戦略を変えるし、新しい製品やサービスもリリースする。もちろん、コールセンターの業務はそれに合わせて変わる。新しい動きが出てくるたびに、それをどのようにカスタマーの、そしてクライアントの最大限の満足につなげていくかが、オペレーションの現場での大きな課題となる。

現場はとにかくいつでも変化している。現場で独自の改善施策を投入することによっても変わるし、クライアントの意向によっても変わる。その中で、カスタマーやクライアントに最大限に満足していただくには、立ち止まっている暇はない。なにしろ、新しい内容に即して、アイデアを出し続けなくてはならないし、いったん満足してもらったら次はそれを超えていかねばならないのだから。

そして、場合によってはこちらからクライアントにも提案する。「カスタマーに喜んでいただくには、こういうことをした方がいいのではないでしょうか」「この部分を、このように変更してはいかがでしょうか」と。

このようなとき、現場ではPDCAサイクルがすごい勢いで回っている。「こういうことをしたら、クライアントにメリットがある」と考え、具体的な計画を立て、実行する。それを検証して効果を測定し、そのまま実行し続けるか、計画の修正をするかを考える。そして、次の計画に反映させ、また実行をしていく。

成果の出る改善活動というのは、ＰＤＣＡサイクルがうまく回せている活動のことだといってよい。全国で改善活動を続けているベルシステム24は、さまざまな大きさのＰＤＣＡサイクルを、無数に回し続けている会社といえるのかもしれない。

「自分たちが改善を続けていくだけではなく、より高い品質を目指して、クライアントにも改善の提案をする。これによってクライアントは、我々を、自分たちと同じ方向を向いて仕事をしてくれる、安心して仕事を頼める会社だと思ってくださるのだと思います。言い換えれば、クライアントがベルシステム24を、一ベンダーではなくパートナーだと思ってくださるようになる、ということです」

先ほどは第一の仮説として「仕事を守っていくことの切実さ」が語られたが、その先にあったものはやはり、第二の仮説として考えた「相手に喜んでもらう喜び」とでもいうべきものだった。喜んでいただくことで、認めていただき、信頼していただく。喜んでいただくこと自体もうれしいけれども、第三の仮説のように、創造性を発揮することにより、ともに歩んでいける相手と思っていただけることは、当然、もっとうれしい。おそらく現場の人たちは、高いレベルを目指して努力し、成果を出す自分たちでなければ満足できなくなっているのだ。チャレンジすること自体に、喜びを見出しているのだ。

改善し続けるベルシステム24の現場には、おそらく、これらの三つの仮説が渾然一体となった「改善への努力の源」ともいうべきものが存在する。そして、そのような現場を支えているのが、その努力の源、すなわち「改善のDNA」を受け継いでいる、そのような「ザ・仕事人」たちだった、ということではないだろうか。

マインドセット研修で心の方向をそろえる

マネジメントする立場にある「ザ・仕事人」たちはそのような思いで努力するとしても、何百人ものオペレーターたちに同じ思いを抱いてもらうのは、そう簡単ではないはずだ。その問題をクリアする秘訣の一つが、先にも述べたようにコミュニケーションである。

さらにここでは、同じ方向を向いてもらうための具体的な方法論も回答された。彼らは研修内容を工夫しているのだという。オペレーターには単なる業務研修ではなく、マインドセット研修をしているのだ、と。

たとえば、未成年の利用者が多いSNSのサイトパトロール業務を例に出そう。サイトパトロールとは、SNSでやりとりされる膨大なコメントやメッセージを監視し、個人情報などの不適切な情報をキャッチすることで、未成年が犯罪に巻き込まれるのを抑止する仕事だ。具体的には、携帯電話番号やメールアドレス、援助交際につながるようなメッセージを見つけ、削除するなど、手順に従って対処をする。

携帯電話番号やメールアドレスを見つけることなど簡単だと思うかもしれないが、メッセージ内ではそれらは巧妙に暗号化され、一目ではわからないようになっていることが多い。メールアドレスのドメイン名を連想する単語に置き換えたり、携帯番号を語呂合わせのようにカタカナで表記したり、といったようにである。しかも、次々と流れてくるメッセージに目を通し、それをわずか数秒で判断している。簡単そうに見えるが、覚えることは多く、神経を使う仕事である。

多くの人は、電話で受け答えしなくてよい気楽な仕事だろうと応募してくる。そのようなオペレーターたちに、管理者層と同じ方向を向いてもらうには、「なぜ、この仕事が必要なのか」を知ってもらうことしかない。

考え方の基本的な枠組みを伝えるマインドセット研修では、「皆さんにやっていただくことは、作業ではない」といい切り、「未成年を事件から守る業務であるので、責任は重いです」と伝える。パトロールをしている皆さんが不適切なメッセージを見逃してしまったら、誰かに連絡先を教えているその女の子は、この後犯罪の被害者になるかもしれない。そのような被害をなくすために必要な仕事なのだと、責任の大きさを認識してもらう。

「マインドセット研修を通してミッションを理解してもらうと、皆が同じ方向を向きやすくなり、トレーニングの成果も上がって、確実に品質はよくなります。そして、皆が同じ方向を向いていれば、このように改善すれば生産性は上がるのではないか、こうすればカスタマーやクライアントの利益につながるのではないかという気づきにも、自然につなげていけるのです」

研修を通して、気持ちをどこに向けるかを明確に言語化して伝える。それに加えて、どうしたらもっと働きやすくなるかを聞きとり、要望に応えていくなどの、双方向のコミュニケーションを重ねる。それを地道に継続することで、現場の一人ひとりの気持ちの方向性は、少しずつそろっていく。

回り続けるPDCAサイクル

今回話を聞いてきたQ-One出場経験者たちは、口をそろえて「よい経験ができた」といっていた。出場によって自分たちが考えた改善のアイデアと、プロセス設計から検証方法まで含めたPDCAサイクルを回す方法を客観的に振り返れたこと、そして、それを広く知ってもらえることには、とても意味があると感じるのだそうだ。

つまり、出場者にとってQ-Oneは、自分たちの活動を振り返り、現場のPDCAサイクルを可視化するきっかけとして機能しているということだ。

先に「横展開されない」という問題に触れたが、もし、PDCAサイクルの可視化というところにQ-Oneの意味があるとすれば、Q-Oneで発表された施策やツールをそのまま別の現場で使うことにこだわらなくてもよい、ともいえるのではないだろうか。

そもそもツールは目的を実現させる手法にすぎない。それであれば、受け継ぐべきは改善の考え方――言い換えれば、PDCAサイクルの回し方そのものなのだ。

改善にあたっての考え方や、計画を実行する上でのプロセス設計の思考が横展開されないとすれば、それは大いに問題である。しかし、ベルシステム24はどの拠点も改善スピリッツにあふれ、それぞれでPDCAサイクルが回り続けている。

Q-Oneに限っても、裾野には200を超える改善事例がある。それぞれの担当チームが予選出場のために自身の施策を客観的に振り返っているとすれば、それはPDCAサイクルの回し方を200チームが検証しているということでもある。当然、すぐ横のチームにも、その考え方は伝播しているだろう。

ようやく、ベルシステム24の「改善のDNA」の全体像がつかめてきたようだ。

とはいえ――、である。経営者としては、PDCAを回していれば万事よし、というわけにはいかない。常に、会社をもっと先へ、もっと上へと導こうとする経営者は、現場に要望を出し続ける。

実は、2016年のQ-Oneの「閉会の挨拶」で、経営トップは「あえて」という枕詞付きで、次のような辛口のコメントを口にした。

「当社には受託業務が1000以上あり、みなさんが必要とする改善活動は必ずどこかで行われているはずです。それにもかかわらず、そうした改善事例を生かし切れているかというと、必ずしもそうではない。改善事例はナレッジ化して使うために発表されるのです。社内の誰かがした改善はベルシステム24の財産です。そのようなプライドをもって、先行事例の成果を盗み、応用してください。皆さんはこれから、ナレッジ化された改善活動をベースにして、さらにその上を行く改善を行っていく必要があるのです」

経営トップがその先に見据えているのは、おそらく、ベルシステム24の単なる成長ではない。究極の改善を行うことで、コールセンターという事業そのものを革新したいと考えているのではないか。辛口コメントを口にする姿からは、そのような気迫も感じられた。

超えるべきハードルは、まだまだある。しかし、この取材を通じ、ベルシステム24の現場に改善のDNAが脈々と流れているのがまぎれもない事実であることは確信できた。そうであれば、経営トップの示した方向に、ベルシステム24が一歩を踏み出していることは間違いないのだ。

今日も現場では大小の改善活動が行われ、それぞれでPDCAサイクルが回り続けている。センターの仕事を守り、オペレーターの仕事を守るために。クライアントの喜びや、自分たち自身が仕事を通して得られる喜びのために。

そして、ベルシステム24という企業の付加価値そのものを生み出し、将来的には、サービス業そのものの革新をしていくために。

第2章

人の力か？　ＩＴか？

～30年を超える、原点サービスの九十九《つづら》折り～

――システムとオペレーターの丁寧なフォローが合わさり、電話代行サービスは螺旋階段を1段も2段も登ってきたのだ――

（92頁）

「事業主に代わって電話を受ける」という、シンプルなサービス

技術革新や環境変化にビジネスモデル革新が追い付かなければ、企業の寿命は絶える。「企業30年説」とは、１９８３年に『日経ビジネス』が統計的に調査・分析し発表した、企業の平均寿命に関する見解なのだそうだ。商品やサービスはどうだろうか。顧客のニーズやマーケットの変化を取り入れてどんどん自らを変えていかないと、30年はおろか５年だってもたないに違いない。

そんな「30年の壁」を静かに突き破って、今なお利用され続けるサービスがある。ベルシステム24が１９８２年の創業時に開始した、電話代行サービスがそれである。その名も「電話転送機による24時間電話業務代行サービス」。今でこそインターネットを活用したサービスとして「ｅ秘書」という名称を冠しているが、当然ながら開始当時は〝ｅ〟の概念などあろうはずもない。

中小企業や個人事業主、法律事務所や税理士事務所など、少人数で経営を行ってい

る事業主は、仕入れから営業、同業との付き合い、融資金融機関との折衝、決算期には会計士との相談など、一人で何役もこなしながら昼夜を問わず忙しく飛び回っている。立ち上げ間もない創業期であればなおさらだ。だから当然、取引先や顧客から電話連絡が入ってきても、対応できないことの方が多い。重要な商談もあろうからと電話受付のために人を雇えば、その分の人件費がかかってしまう——。

ベルシステム24の電話代行サービス「e秘書」は、そんな悩みに応え、事業主に代わって電話対応をするサービスだ。

そのサービス内容は、いたってシンプルである。

ベルシステム24のオペレーターは事業主に代わって電話受付を行う。まるで秘書のように通話内容を随時メールで報告するので、事業主は不在時や忙しいときでもビジネスチャンスを逃すことなく業務に集中できるようになっている。

もう少し詳しく、このサービス「e秘書」の仕組みを説明しよう。

A社宛てに電話がかかってくると、電話オペレーターのパソコン画面にはA社の社長名など詳細情報が表示される。それを見ながら「A社でございます」と応対する。次にB社宛てに電話がかかってくると、画面にB社の情報が表示される。「社長は外出中」と書かれていれば、「社長の○○はただ今、外出しております」と回答し、相手から伝言を受ければ、即座に情報を入力する。また、事業主から「外出するので、○○会社の○○さんから電話が入ったら、こう伝えてください」という指示があった場合、画面に表示されたその指示内容を見て対応する。つまり、このサービスは、通常は秘書が行う電話対応業務を一手に請け負うものなのだ。一人あたり、平均40〜60社を担当しているという。事業主からも、e秘書は便利で質の高いサービスと好評だ。

「平日の営業時間内は常時利用しています。オフィスの電話が鳴らないので仕事は大変捗りますし、不要な営業電話の対応をしなくて済むので、便利に利用させていただいています」（保険代理業）

「日ごろの連絡業務やイベント開催時の募集受け付けなどに利用しています。イベント時の問い合わせ管理など、e秘書のスタッフの方々が対応ごとに前向きに学習し、進捗していってくれるのでありがたいです」（広告代理店）

実はこの電話代行サービス、進化を遂げながら30年以上も続いている、いわばベルシステム24の原点のサービスそのものなのだ。当初は「電話転送機による24時間電話業務代行サービス」という名称だったが、インターネットを活用したサービスとして発展したことを機に、２００６年には「e秘書」に変更。現在の顧客数は２２００社あまり、これまで30余年で述べ2万社もの顧客に利用されている。ここ数年は起業する人の数も増えていて、年間で10万社もの株式会社が立ち上がっている現状がある。そうしたスタートアップ企業の引き合いは多く、そのため現在でも新規の申し込み数は右肩上がりで、さらに拡大の期待がかかる発展的なサービスなのだ。

今までの顧客の中には、飛躍的な成長を遂げて事務スタッフを増員し、e秘書の利用を卒業したのち、一部上場企業となった会社も存在するという。一方で、30年以上利用し続けている企業は14社あり、親から子、さらに孫までと三代にわたって利用している顧客もあるそうだ。

それにしても、現在は多様な手段でいつでも連絡が取れる時代だ。にもかかわらず、なぜ、こんなにもシンプルなサービスが30年以上も利用し続けられているのだろうか。たとえば約20年前には、携帯電話サービスが普及し始めた。このときに、固定電話を使う電話代行サービスは必要なくなってもおかしくないはずだ。そこで、このサービスが利用され続ける理由を本事業の関係者に尋ねてみた。

「最大の理由のひとつは、会社を設立する際に、代表電話は固定電話の方がよいとされるからです」

なるほど、ビジネス上のそんな価値観があった。でもだからといって、固定電話を設置するのであれば誰かが電話対応をしなくてはならない。それを毎月１万円ほどで自分たちの代わりに受けてくれるサービスがあれば、低コストで便利だと感じ、利用したいと思うだろう。だから、携帯電話やスマートフォンがこれだけ世の中に普及しても、電話代行サービスが必要とされることは変わらないのだ。

発展は螺旋的、その意味するところは？

電話を前提とした代行サービスがなくならない理由はわかった。ところが、今の世の中には、電子メールやＳＮＳなどさまざまな連絡手段がひしめいている。便利という点で考えると、電話自体が他のツールに取って代わられる可能性もあったであろう。にもかかわらず、電話代行サービスがベルシステム24の事業の一つとして続いているのはなぜだろう。

そこまで考えたときに、以前読んだ本で紹介されていた、ある一つの法則を思い出した。田坂広志氏の著書『使える 弁証法』の中に書かれている「螺旋的発展」の法則である。

螺旋的発展の法則とは、「世の中のすべての物事の進歩や発展は、右肩上がりに一直線に進歩・発展していくのではない。あたかも螺旋階段を登るようにして進歩・発展していく」というものだ。

たとえば、インターネット革命によって飛躍的に大きなビジネスとなった「インターネットオークション」というものがある。しかし、オークションというビジネスモデル自体は決して新しいものではない。昔はたいていの市場（いちば）で、オークション＝競りが行われていたからだ。この市場は資本主義が発展していくにつれて、街の片隅の市場ではなく、世界的な規模にまで拡大していった。その結果、買い手と売り手の個別の交渉を競りで行う、という従来の習慣は手間がかかり非効率的であるため、この形態はひとたび消えていった。ところが、インターネット革命によって、ネットオークションという形でよみがえる。それも単なる競りの復活ではなく、世界中の人々を相手に、最小の手間と時間と費用で商品の売り買いができるようになったのだ。

競りからインターネットオークションへ、その発展の様子は、まるで螺旋階段を登っていく様子に似ている。上から眺めると、一回転してから元の場所に戻っているように見える。横から見れば右（未来）へ進んだり左（原点）に回帰したりするが、最終的には一周すると一段上がっている。つまり登りながらその位置へ向かっているのがわかる。そして、そこには必ず「進化」があるのだ。

電話代行サービスも同様に、30年超の間にローカルサービスから全国サービスに移行したり、ＩＴを活用した形態に衣替えしたりするなどして、おだやかな螺旋状の進化を遂げている。そうした進化が、いまだに現役のサービスとして存続しているポイントなのではないだろうか――。

以上はあくまでも私たち取材チームの推測にすぎない。そこで、ベルシステム24の電話代行サービスにかかわってきた人々に取材をし、30年の歴史の中でどのような変化を遂げてきたのかを、オペレーション面、システム面、業務を支えてきた人の力の面など、いくつかの角度から検証してみようと思う。

アナログ対応だった初期のオペレーション

電話代行サービスを開始したのは、今から30年以上も前。当然、業務のやり方は今とは違っていたはずだ。そこでまず、オペレーション面の変遷に注目してみよう。

初期のころは、どんな方法で業務を行っていたのか。その時代を知るマネージャーが北海道の旭川ソリューションセンターにいると聞き、取材に向かった。旭川センターは現在、全国のe秘書業務を一極集中で遂行しているコールセンターだ。マネージャーは語る。

「サービスが開始された当初は、受けた電話の内容を手書きでメモにしていました。そして、電話を切ったら事業主のポケットベルへ連絡を入れます。当時は電話代行サービスの『ホットライン』という専用番号があったので、そこへ折り返し電話をいただき、メモの内容をお伝えする、という流れでした」

ポケットベルというツールが出てくるあたりに、このサービスの歴史を感じるであろう。

評判が広がり利用する顧客が増えるにつれて、どの事業主宛ての電話なのかを機械で識別するスタイルに変化していった。当時はオペレーター1人が15社程度を担当。1人に1ブースが用意され、その中に3回線の電話が設置されていた。机の上に1台、そしてブースを仕切る左右の壁に1台ずつという配置だ。そして、ブースの前には電子ボード盤が掲示されており、1チャンネルに電話がかかってきたら1チャンネル、2チャンネルにかかってきたら2チャンネルが光るという仕組みで、チャンネルの下には「○○商事」「○○コーポレーション」と企業名が書かれていた。

電話がかかってきたらランプを見て企業名を確認し、机の棚に並んでいる各社のファイルから該当する企業のファイルを取り出す。ファイルの中には顧客からの依頼内容などが書かれており、何か伝言はないかと調べて対応していた。もしも、話し中に二番目の電話が鳴ると、隣のブースに座っている人が横から手を伸ばし、壁に設置された電話の受話器をとる。すると、電話をとってもらった人は、自分の電話対応を続けながらも、棚の該当顧客ファイルに空いた方の手を伸ばし、隣の人に渡していた。

なんとも息の合った連携プレーではないか。しかし、さらに電話が重なったりしたら、どうなるのだろう……。「もちろん、お互いの手が重なったりして、ブースの中は大混雑でしたよ」とマネージャーは振り返る。この話を聞いた現担当者は、「今の状況からは、想像できない対応ですね」とオペレーションの変わりように驚いていた。

このアナログな方法は、その後システムの導入や電話技術の進歩などによって、次第に終息していった。電話代行サービスという一見シンプルに思われる業務も、黎明期と現在を比べてみると、オペレーションの方法は大いに変化している。それでは次に、電話代行サービスの変遷を語る上で重要な転換点となったＩＴ化の様子について振り返ってみよう。

何度もチャレンジしたＩＴ化

電話がかかってくると、パソコン画面に顧客情報が表示される現在のｅ秘書システム。ＩＴ基盤がサービスを支えている。しかし、電話代行サービスは過去に何度かＩＴ化に挑戦し、紆余曲折を乗り越えて、現在の形へとたどりついたのだ。そこでここからは、ＩＴ面での変化を追っていきたい。

最初に使ったシステムは、市販の既存システムをカスタマイズしたもので、電話が鳴るとパソコン画面に社名が表示され、エンドユーザーからの伝言や通話内容を入力できるという、基本的には現在と変わらぬ仕様にすでになっていた。ただこのシステムでは電話とパソコンのシンクロがダイヤルアップ回線だったため、入力画面の動作がきわめて緩慢であった。それでも、おおよそ１００社分の通話内容を入力するまでは、どうにか運用できていたという。ところが、それを超えたところで、通話内容を入力したとたん、システムが動かなくなってしまったのだ。今にしてみれば信じられないだろうが、当時のハードディスク容量はこのくらいでいっぱいになってしまったのである。また、複数のオペレーターが一斉にキーボードを打つため、コンピューターがたびたび固まってしまうという現象も起きていた。さすがに１００社以上入力できない、同時入力ができないとなると、業務に支障が起きてしまうので、このシステムを使い続けることは難しいと判断せざるを得ない。結局このときは、目の前の電話対応を優先し、元のアナログ方式にいったん戻すことになったのだった。

その後、しばらくアナログ方式で業務を続けていた。そもそもオペレーターは、10年、20年選手のベテラン、すなわち電話代行サービス業務のプロフェッショナルもいれば、中には経験が浅い人もいる。ＩＴ化からアナログ対応に戻ったことによって、ベテランとそうではない人とのギャップが余計に目立つようになってしまったのだ。

ベルシステム24にとって、この状況は決して歓迎すべきものではない。電話代行サービスを将来に向けて発展させていくためには、初心者でも対応できるシンプルな業務にしていくことが必要だ。それには「属人的な能力に負うサービス」という状態を変えていかなければならない。

一方、ありがたいことに利用する顧客数は増え続ける一方だ。顧客数が増えれば増えるほど電話機やファイルも増加し、業務効率の面から見ても、やはりアナログの職人技で対応するにはとうに限界を超えていた。そこで2006年、再度、IT化に踏み切ることになる。前回の教訓から、今後のサービスの拡張を見越したデータ容量に耐え得る仕様でないと意味がない。そこで今度は、それらの要件を満たすべくオーダーメイド開発でシステムを構築することになったのだ——。IT化のプロジェクトは、安定的な稼働にこだわるのはもちろんのこと、現場のオペレーターも巻き込み、今まで以上に「いかに業務をする上で使いやすいか」という点にも注力した。そうして、電話がかかってくるとパソコン画面に瞬時にクライアント情報が表示される現在のシステムの、実質的な原型が完成した。

競争力強化のためのリロケーション

これまでの取材で、ＩＴ化が電話代行サービスの進化に大きな影響を与えた、ということがわかった。そしてもう一つ、電話代行サービスの変化を語る上で外せない要素がある。それは、業務場所の移転、いわゆるリロケーションだ。そしてこのリロケーションもまた、コールセンターを効率的に運営する、という意味において螺旋的な発展の一つの側面を描いていた。

もともとe秘書は、全国にある拠点ごとに分散して業務を行っていた。

「サービスが始まった当初は、顧客である事業主の電話機に転送機器をつけて、かかってくる電話をベルシステム24に転送していました。ところが当時は、電話を転送すると転送元から転送先までの電話代が発生し、それが転送元、つまり契約者の負担になっていたのです」

このような理由があったため、できる限り顧客事業主の立地の近くに転送先、つまりサービスの拠点がある方がよかったのだ。

その後、１９８５年４月に国有事業だった通信事業が民営化される「通信自由化」

がスタート、通信事業者間の競争が促進され、結果的に距離の遠さと電話料金が比例することはなくなった。距離と電話料金が比例しなくなれば、拠点ごとに転送先のセンターを置く必然性はなくなるわけだ。そもそも各拠点で個別に運営するよりは、ある程度まとまった方が効率よく運営できる。そうした背景を受け、「分散している業務を移管して束ねれば競争力が上がるはず」とベルシステム24は考え、地方中核都市の拠点に周辺エリアの業務を、さらには東京・池袋にそれらすべての業務を集約することになった。

業務の場所を移管することは、当然すべての顧客に通知した。もちろん、すんなりと理解されたわけではない。当時を知る社員は「オーナーさんから『本当に大丈夫なのか?』という心配の声も寄せられました」と語る。顧客である事業主は、場所の移転そのものではなく、場所が移転すれば慣れ親しんだオペレーターが一新されてしまい、円滑なサービスが損なわれるのではないか、ということに不安を抱いたのだろう。

確かに、担当する人が変われば、その人に蓄積されていた対応ノウハウはリセットされ、今までと同じようなレベルを維持することは難しいと考えるのは無理からぬことだ。そこで、まず営業担当がオペレーターと事業主から「A社様にはB様というお客様からの連絡が多い」、「C様の対応では○○を忘れないこと」など、いくつか想定できるやりとりをヒアリングし、適切な対応を事前に準備していた。しかし実際にはどんな電話が入ってくるかはわからない。そこで、予想外の内容の電話が入ってきたら事業主へ連絡をして、電話の内容とそれに対する対応を一つひとつ確認しながら進めていったという。

さらに究極は、「お宅の会社にうかがいたいのですが」という問い合わせが来たときに、リロケーションによってその地域の土地勘が皆無のオペレーターが対応するケースも増えていった。このため、事業主から事前にもらった道順案内図を見ながら、想像力を働かせて「100メートル先に○○という建物が見えませんか？」と電話の相手を誘導していくなど、オペレーターは試行錯誤しながら対応方法を模索していった。

もちろん、最初のうちはやりとりがスムーズに進まないことも多く、事前にシミュレーションしていたようにはうまくいかなかったという。しかし、繰り返し根気よく確認し、対応し続けたことで、次第に以前の「ベルシステム24に任せたら大丈夫」といわれるようなサービスレベルへと引き上げていったのだった。

こうした移管での経験値は、その後のさらに大きなリロケーションでも生かされた。2011年には池袋から旭川へ、さらなる事業効率化を求めてすべての業務が移管されたのだ。

外部から見ていると、対応する人々のレベルが移管前に追いついただけに見える。でも、ベルシステム24からすると、効率化という階段を登りながら人の力によるサービスを維持継続し、まさに螺旋的に進化していった。

そしてIT化は、さらに進む

ITを活用したオペレーション機能の進化に加え、電話代行サービスは、もう一つ違う側面からのIT化も果たしている。それは、「インターネットによるサービス利用申し込みを可能にしたこと」だ。

かつては営業担当者が直接事業主を訪問し、建物の外観を確認して社長と会い、十分な打ち合わせを行った上で契約を行っていた。さらに、サービスがスタートするときは、オペレーターが事業主に電話をかけ、システムに登録する顧客情報をすべて読み上げて確認するという、手作業の工程を取っていたのである。

ところが現在は、インターネットを活用し、申し込みから契約、そしてサービス開始までの一連の流れを非対面で行っている。申し込み後は顧客から必要書類を電子メールで送ってもらい、営業担当者が電話で軽い打ち合わせを行う。その後、営業担当者がオペレーターへ情報を引き継ぎ、登録が完了する。最後に電子メールで着信・送信テストをしてサービススタート、という流れだ。IT化によって、物理的なプロセスが劇的に簡略化されたのである。

このように業務開始までの手続きがシステマティックになったことで、申し込みをする際の心理的なハードルは、以前より低くなったであろう。また、手続きにあたっていちいち人に会うという、顧客側の時間のムダも省力化できたはずだ。もちろん、ベルシステム24にとっても、業務を大きく効率化することができたわけである。

申し込み方法が便利で手軽になったことにより、現在も利用する企業数は順調に増えている。

だが、「改善点はまだまだある」と担当者はいう。

「さらに新たな顧客を増やしていくためには、申し込みを受けてからサービスを開通させるまでのスピードをより短縮していかなければ、お客様の期待に応えられないと感じています」

また、e秘書のWEBサイトを制作しているメンバーは、インターネットで処理できる範囲をもっと増やしていこうと、日々改良を重ねている。

e秘書サービスのIT化は、その都度新しい技術を活用して何度も何度も刷新を重ね、より便利に、よりスピーディーに対応できるよう進化を遂げてきた。そしてこれからも、日進月歩のITを活用し、事業を推進していくメンバーたちの手によって、進化を続けていくだろう。

「大きな夢をもつ小さな事業家」を支えるパートナー

オペレーションの標準化、ITを活用した進化、それらを踏まえたリロケーションという側面で取材を進めてきたが、最後はやはり、事業の推進者である「人の力」の側面にスポットを当てたい。

電話代行サービスの現場を支えているのは、いうまでもなくオペレーターの存在だ。

2000社以上の顧客を擁し、ITによって効率を徹底的に高めながらも、一人ひとりの事業主のために自分たちに何ができるのかを常に問いかけながら業務に取り組んでいる。

通信販売を手掛けている顧客との間でこんなことがあった。年末の大雪で商品の配送が遅れ、年内の納品が難しい状態になってしまったのだ。「年末に必要なものだからこそ頼んだのに」――当然、注文をしてくれた購入者からはクレームが殺到する。

当初は、ベルシステム24は年末年始の電話代行サービスを行わない契約になっていた。しかし、大雪は誰のせいでもない。そんな困った状況なら、お手伝いするべきだと考え、31日までベルシステム24は電話対応を行うことにした。

チームリーダーはすぐさま行動に移した。急いでベテランのオペレーター3人を集め、「商品が届かない！」という殺気立った問い合わせに対して、大みそかの夜までぶっ続けで電話に出続けた。問い合わせをしてくれた購入者一人ひとりにお詫びをしながら、事情を説明。「○日に届く予定ですので、もう少しお待ちください」と振替えの到着予定日をお知らせした。年末が近づくほど誰しも神経が高ぶる。年内に手元に届くはずの商品が来ない、という苛立ちの問い合わせが鳴りやまない状況が、いかに大変だったかは容易に想像できる。それでもオペレーターの奮闘により、大みそかにはすべて了解を得ることができた。顧客の事業主は「あなたたちのおかげで、本当に助かったよ！　ありがとう」と大いに喜んでくれたという。

しかし、せっかくの年末休みまでつぶして、そこまでやろうと思うモチベーションの源泉は、いったい何だろうか。

「結局、何とかしてお客様の希望どおりのことをしてさしあげたい、という思いがあるのだと思います。私たちにとっては『あのときは本当に助かったよ』とお客様から言ってもらえることが、何よりうれしいのです」

電話代行サービスを利用している顧客は、カスタマーサポートやテクニカルサポートといったコールセンターサービスを利用している企業と比べて、規模は小さい。しかしその分、将来の展開が楽しみな部分もあり、「これから会社を大きくしたい」と夢をもって語る創業者も多い。そんなとき、e秘書のスタッフは「一緒に大きくしていきましょう。電話代行サービスで対応できないくらい会社が大きくなったら、専用のコールセンターを立ち上げることもできますよ」とお話しすることもある。

実際に電話代行サービスでお付き合いを始めてから事業が拡大し、その会社単独のコールセンター契約にまで至ったケースもある。少人数のころからお付き合いのある企業が、どんどんステップアップしていく様子を感じられるのは、他では味わえない感慨深さがあるだろう。旭川でe秘書業務を取りまとめるマネージャーは語る。

「当社の他業務と違い、e秘書は中小企業や個人事業主、士業の方など少人数で経営を行っている方が利用されています。つまり、決裁権をおもちの方との距離が近いのです。我々は旭川にいるのでお客様に直接お会いする機会はなかなかないのですが、お一人おひとりとのコミュニケーションの深さは他の業務とは違うと感じます」

e秘書は、いわば2200人の社長と毎日向かい合っているようなものだ。そしてそうした社長の中にも、e秘書と自分の会社のつながりを特別に捉えている方がいた。30年近く利用して、定年で現役を退いてe秘書サービスを止めることになったとき、そのお客様はベルシステム24に手紙を送った。そこには「ベルシステム24さんは自分にとって戦友です」と記されていた。

一社一社の規模は小さいが、まとまるとその規模はとても大きい。いわば日本の中小企業を支えるサービスといえるのではないだろうか。そのような現場で、オペレーターたちの人の力、対話の力が日々生かされているビジネスなのだ。

現場チームリーダーの本気度と奮起、ベテランパワー炸裂

電話代行サービスが「ＩＴ化」されたときも、「人の力」は多大な影響を与えた。それは、先に触れた現在のシステムをオーダーメイド開発したときのことである。プロジェクト担当者は、実際にシステムを使う人が使いやすいようにすることが第一だと考えた。そのためには、オペレーターの意見を取り入れることが不可欠だ。そこでプロジェクト担当者は現場のチームリーダーたちを引き連れて、何度もシステム会社に足を運び、要望を直接伝えた。チームリーダーはｅ秘書業務のベテランたちで、わかりやすくいえば〝パワフルで頼りになるおばちゃんたち〟だ。システム会社ではさぞかし異彩を放ったに違いない。さらにプロジェクト担当者とチームリーダーは、毎日のように顔を突き合わせて、相談を重ねた。ベテランのプライドからか、それまでは強い縄張り意識によって縦割り状態で交流のなかったチームリーダーたちが、いつのまにか一丸となり、気持ちを一つにして新しいシステムの仕様を提案するようになっていった。

現場チームリーダーが動いたことで、オペレーターが工夫していた作業内容がシス

テムの仕様に生かされたものもある。たとえば、システムの画面の色だ。

サービス発祥の当時、電話をとるブースの前にはホワイトボードがあり、そこには事業主ごとにマスが分かれている大きな表が描かれていた。電話を受けた人は、取次内容が一目でわかるように付箋で色分けをし、そのホワイトボードに貼るようにしていた。「予定」の場合は水色、「伝言」の場合は黄色、といった具合だ。10時に出かけて17時に戻るという場合は、水色の付箋に「今日は10時に外出。17時戻り」と書き、ホワイトボードにセロハンテープで貼っていた。

こうした色分けが、そのままシステム画面に適用されたのだ。自分たちの意見や実際のオペレーションがシステムに組み込まれたことで、おそらくチームリーダーたちのモチベーションはかなり上がったのではないだろうか。

このようにIT化をきっかけにして一丸となったチームリーダーたちは、それ以外の場面でも力を結集するようになり、それぞれのチームごとの強みを生かして積極的に業務改善のアイデアを出していくようになった。たとえば、伝言を預かるシンプルな業務のチームは、「一人当たり何社くらい担当できるのかに挑戦してみよう」など、業務に対するチームリーダーの士気がどんどん上がっていった。

チームリーダーたちの情熱は、営業活動にまで及んだ。それまでは他の事業と同様に、電話代行サービスも営業担当者が顧客を訪問して受注を取っていた。ただ、業務内容の打ち合わせも営業担当者が行うため、現場が対応できるかどうかを確認しないで話を進めてしまうこともあった。

「それなら自分たちで営業訪問を行い、事業主と納得のいく話し合いをし、その上で契約しよう」

チームリーダーたちの中で、そのような意識が芽生えた。その結果、e秘書センターのオペレーションを担当するチームリーダー当人たちが、営業活動も兼務することになったのだ。

ずっと社内で仕事をしていた人々が、いきなり顧客のところへ行って大丈夫だったのだろうか。そう聞くと、プロジェクト担当者は笑いながら答えた。

「最初は『スーツを着てお客様のところへ行くなんて初めてです』と緊張していたのですが、いざお客様のところへ行ったら、いいたいことをきちんと相手に伝えていました。改めて、現場の人たちは強いな、と感じました」

たとえ電話だけの付き合いでも、相手のことを深く知っている――それが自信となり、直接対面しても動じることはなかったのだろう。そして、直接交渉するようになると、それまでは「こんな無理なお願いをされて、どうして断ってこなかったの？」と営業担当者にいっていたのに、「お客様の希望はしっかりと受け止めなくてはいけない」という考え方に変化していったというのだ。相手の顔が直接見えることによって、よりリアルに相手の思いを受け取ったのだろう。チームリーダーたちはオペレーターに「お客様は、私たちにどういう期待をしているのかをわかっていますか？」と熱心に教えるようになっていった。

IT化以上に大切なこと

「人の力」が発揮されたエピソードをもう一つ紹介しよう。

今の時代、何をするにもパソコンがなければ仕事にならない。しかし、2006年のe秘書IT化以前の電話代行サービスの現場では、パソコンを扱わなくても十分に仕事ができていた。そのため、IT化の際に「これからはパソコン操作が必須になります」と伝えても、パソコンに不慣れなメンバーも多く、中には画面のスクロールすらわからない状態の人もいたという。もちろん、システムの切り替え前に研修は行ったが、切り替え当初は慣れない作業に四苦八苦していた。

そんな状態でＩＴ化しても、業務に問題が起きないのか心配になってしまう。だが、実際にシステムが導入されても、電話応対の品質はまったく変わらなかったそうだ。

オペレーターの頭の中には、顧客の情報がすべて詰まっている。だから、いったん電話を受ければ口が勝手に動く。システムのどこに何が書いてあるのかを把握できていなくても、「確かこのお客様はこうだったはず……」と即座に自分の頭のメモリーを起動させるのだ。いつもどおりに相手のいっていることをきちんと聞き取り、内容をすべて的確に書きとめる。その上で、何をしなくてはいけないかを頭の中で瞬時にまとめる。もちろん、電話を切った後は「このメモを、システムにどう反映させればいいのか？」とパソコンを前にあたふたしてしまうこともあった。しかし、電話をかけてきたエンドユーザーに対応しているときは、まったく動揺を見せない。

そんなオペレーターの姿を見て、現場のリーダーは「システムがわかることよりも、この人たちは『電話の向こうにいる人にきちんと向き合う』という大事なものをもっている」と思ったという。ＩＴ化がスタートしたときにスムーズに移行できたのは、それまで培ってきたオペレーターたちの「職人の力」があったからだろう。

パソコン操作が苦手なメンバーについては、引き続き手取り足取り教えていった。その甲斐あって次第に操作に慣れていき、ＩＴ化を行った年の年末にはシステムを使いこなすまでに成長したという。現場は必死に食らいついていったのだ。「システムにとてもついていけません」と辞めた人は一人も出ないという喜ばしい結果となった。

受け継がれたお客様に対する思い

電話代行サービスでは、現場を支える人たちの力や思いがビジネスを支えたことも明らかになった。では今、それらはどのように受け継がれているのだろうか。

先に述べたように、現在、ｅ秘書サービスの全業務は旭川ソリューションセンターで遂行されている。ｅ秘書サービスはネット上での手続きが主となり、業務は当初に比べてシステマティックになっているという現実がある。

「そんな中でも、お客様に対する思いは受け継がれているのではないか、と感じることがあります」

旭川のリーダーはそう語る。

たとえば、長く利用してもらっている事業主から、「子どもの入学式や家族が病気のとき、自分自身が多忙なときなど、代わりに電話に出てくれるe秘書サービスのおかげで本当に助かっています。今までありがとう。これからもよろしくお願いします」といったメッセージをもらったことがあるのだという。

他にも「昨日お客様から電話があって、『おたくの会社の電話応対がよかったよ』と言われたんですよ。これもベルシステム24さんのおかげです」と、報告してもらえることもあるという。

「e秘書に携わっているメンバー同士で、『A社の○○さんは、今はご病気で入院されいるんだって』と情報を交換したりしています。取引している社数は多いですが、情報はみんなで共有しています」

旭川センターへ業務を移管する際、東京のセンターではどのような思いで顧客に対応してきたのかを、業務研修の中でしっかりと伝えたという。とはいうものの、移転によってサービスを提供する場所が変わり、働く人も変わった。業務内容もネットが占める割合が多くなり、直接会う機会はめったにない。

それでも、旭川のマネージャーたちの声を聞くと、e秘書にかかわるメンバーの本質的な思いは、自然に受け継がれていることがわかる。

「e秘書の原点にあるものは、クライアントへの思いであったり、信頼関係であったり。そういう部分かなと思います」

業務の移管により、人のつながりはいったんリセットされた。しかし、顧客に対する思いの部分は受け継がれ、システマティックになった新たなスタイルの中で信頼関係が築かれている段階となり、ＩＴ化とあいまって螺旋的に発展している。

人の力とＩＴ化の融合

ここまで取材してきて、ベルシステム24の電話代行サービスの歴史には、さまざまな変化があったことがわかった。決して30年前と同じことをしているのではない。振り返ってみると、時代の流れに合わせて、常に「螺旋的発展」が繰り広げられている。

業務の効率化を目指し、システム導入に何度もチャレンジした。コンピューターが大量のデータに耐えられず、いったんアナログに戻ったりしたこともある。しかし現在は「電話代行サービス」から「e秘書」となり、インターネットからの申し込みが主流になっている。ぐるりと一周しながら、進化しているのだ。

リロケーションも何回か行われてきて、そのたびに業務を担当する人も変わってきた。でも、そのことによってビジネスの根幹となっているオペレーターと顧客の交流がなくなるのではなく、思いは受け継がれている。システムという無機質なものを導入したにもかかわらず、人の力という有機的、つまり温かさや心配りのある存在が生き続けるのだ。いくらシステムやオペレーションが革新されても、オペレーターは細やかに対応するし、顧客である社長から「直接話せてよかった。ありがとう」という感謝の言葉は変わらずに贈られる。システムでの合理化により失われかねない人肌の奥義が、新たな価値として受け継がれ、システムとオペレーターの丁寧なフォローが合わさり、電話代行サービスは螺旋階段を1段も2段も登ってきたのだ。

時代の流れに合わせて効率化・体系化・標準化をして仕組みを整えながら、人の力というアナログのよさを融合し、進化し続けること――これが便利さだけではない、30年以上継続している電話代行サービスの強さなのだろう。

競争力の増すこれからのサービス業にとって、「人の力とIT化が融合する」ことは非常に大きなテーマとなるであろう。だからこそ、ｅ秘書はベルシステム24にとって「将来的なサービス革新」の布石になるのではないか。一連の取材を通して、そのように感じた。

第3章

日本のコールセンターはグローバル化できるか!?

～和魂洋才格闘記～

――外資系企業から入社してきたスタッフは、これは「新しいことというより、当たり前のこと」だという――

（105頁）

コールセンター業務のグローバル標準を、日本で初めて導入

振り返れば、あのときのあの施策が、この会社の現在につながっている――。ビジネスを長く続けている会社には、そのように思い起こされる一手は、必ずあるのではないだろうか。たとえば、メーカーが製造拠点を初めて海外に移したとか、ＩＴ関連企業がソフト事業に大きく舵を切ったというように、その時点ではそれほど重要性が見えていなくても、将来は確実に大きな意味をもってくること、あれが起点だったという感慨とともに振り返られることになる一手というものがある。これから紹介することはおそらく、ベルシステム24にとってそのようなものになるのではないか。

１９８２年に初めてコールセンターを立ち上げて以来、30年超の長きにわたってコールセンターを構築・運用し、業界のトッププランナーとして走り続けてきたベルシステム24。その会社が、２０１３年、これまでのコールセンターのマネジメントシステムとは異なるグローバル標準に則った新しい運用体系を、日本のコールセンターアウ

トソーサーとして初めて取り入れ、日本国内でも事業を展開するグローバル企業に対してサービス提供を開始した。

それだけではない。翌2014年には、このグローバル標準に則った新しいコールセンター運用体系のエッセンスを既存の国内クライアント向けにアレンジし、新たなサービスメニュー《BELL Standard CX》（CX…Customer Experience、顧客体験）として提供を開始。つまり、ベルシステム24は、日本のコールセンター業界にとって画期的なこのスタイルに、果敢に挑戦することを決めたのである。

この《BELL Standard CX》による運用体系の〝売り文句〟は、顧客満足度や科学的なKPIマネジメントを重視することで「これまでの顧客対応を超えて、〝感動する顧客体験〟を提供する」であり、「コールセンターでの体験を通して顧客ロイヤルティーを高めることで、お客様のビジネスに確かに貢献するセンターの構築と活用が可能となる」である。すでにあらゆる業界の商品やサービスがグローバル化への道を歩んでいるわけだから、それをサポートするコールセンターの国内マーケットも早晩変化するはずだという、確信に近い仮説に基づく導入判断である。

コールセンターの品質を評価するとき、日本ではこれまで応答率やミス率などの業務プロセス上の数値を指標として掲げるやり方が主であったが、実は欧米の企業の多くは、それらのプロセス数値がさらに多種かつ厳格であることに加え、カスタマーの満足度をも数値化して重視している。グローバルでは、すでにそれは当然のことになっているという。つまり、ベルシステム24の打ち出した新しいコンセプトはグローバル標準の運営コンセプトであり、ベルシステム24はそのコンセプトのもとで運営するオペレーションの導入を決定した、ということである。

もちろん、すべてのコールセンターを一気にグローバル標準に切り替えることなどは現実的ではないし、この新しいコンセプトの標準がすべてのクライアント、すべての業務に適しているとも限らない。ベルシステム24としても、すべてをグローバル標準に変えようと考えているわけではない。しかし、外資系企業の中にはグローバル標準での運営を求める企業が存在しているどころか、グローバル標準で運営されないベンダーには業務委託をしない方針をもつ企業もある。また国内企業でも、一人のカスタマーとより強くエンゲージすることが成長戦略の要であることに着眼し、それを可能にするＣＲＭ（Customer Relationship Management）を要望され始めるところもある。ベルシステム24は競合他社に先駆けて、そういったクライアントの要望に対応し得る体制を国内に構築したというわけだ。

なぜ、歴史が長く、伝統的なやり方ががっちりと構築されているベルシステム24が、国内でいち早く新しい標準の導入に踏み切ったのだろうか。

グローバル標準でのセンター立ち上げプロジェクトに参加したスタッフはいう。

「当時のベルシステム24のクライアントには、誰でも名前を知っているような巨大なグローバル企業はまだあまり多くありませんでした。もしグローバル標準の導入によってそれらの企業に食いこんでいくことができれば、会社はより大きく成長していけるはずです。そのオペレーションを提供できるということは、当社にとって将来的な成長の種だと考えられました」

成長の種として会社の期待を背負っていても、種が蒔かれる大地は、すでに従来の方法がしっかりと根付いている現場である。芽が出たとしても、すくすくと育っていけるだろうか。導入を決めれば前に進むような簡単なものだろうか。グローバル標準の新スタイルを進めていくにあたっては、現場でハレーションのようなことが起きるのではないだろうか。

グローバル標準の存在を知り、そのような推測をした取材チームとしては、それが現場でどのように受け入れられ、どのように運用が進められているのかを知りたいと考えた。もっと正直にいえば、未知の種を芽生えさせなければいけない現場に確実に存在しているだろう〝生みの苦しみ〟を見てみたいと思った。

なぜなら、蒔かれた種の成長の過程を、そして種を育てる人の戦いぶりを追うことで、ベルシステム24という会社の向かっていく先が見えるのではないかと考えたからだ。

そこで訪ねたのは、ＭＮＣ本部である。ベルシステム24はこのグローバル標準での運用にあたり、従来のコールセンターのマネジメント体系とは別に「ＭＮＣ」という本部を設立し、伝統的な運用スタイルとグローバル標準の運用スタイルと並列的に走らせている。新しいやり方をしっかりインキュベートし、しかる後に既存のやり方と融合させていこうという考え方だ。ちなみに、「ＭＮＣ」というのはMulti National Clientの略称である。

この本部の稼働開始にあたっては、社内各所から精鋭たちが、公募、推薦、さまざまな方法で集められた。我こそはと思うスタッフたちが、新しい種がどのようなものであるかを知り、大きく育てていくために集結した。

それぞれが専門家として自分の仕事に責任をもつ

ＭＮＣスタイルとでもいうべきグローバルの新しい標準を、現場はどのように受け入れ、現在、どのように進めているのか。それを探っていく前に、従来のスタイルとＭＮＣスタイルでは、何がどのように違うのかを確認しておこう。

「最大の違いは、グローバル標準ではコールセンターで働く一人ひとりの職位・職責が明確であるということ。それぞれの業務範囲が厳密に定義されており、その範囲の職務をしっかりと果たすことが求められる、その点に尽きるでしょう」

先のスタッフはそう説明する。これについて、もう少し具体的に説明しておく。

従来のスタイルのコールセンターは、電話を受けるオペレーターから頂点のセンター長まで、ピラミッド型の階層の組織になっている。オペレーターが経験を積むとリーダーになり、さらに経験を積むとスーパーバイザーになり――という形で一階層ずつ昇格し、それに伴って仕事の範囲も少しずつ広がっていく。このスタイルにおいては、オペレーションの現場がよくわかっていて、センター運営に必要なさまざまな仕事がそれなりにこなせるゼネラリストが育つことになる。

一方のMNCのスタイルは、先にも述べたように各人の職位・職責が明確であることが特徴だ。MNCスタイルの組織には、「ライン」と「プロ」が存在する。「ライン」には伝統的なスタイルと同様、オペレーターにあたるエージェントから、チームリーダー、スーパーバイザー、従来のセンター長にあたる立場のオペレーションマネージャー、そして拠点全体を統括するサイトディレクターまでのピラミッド型の階層が存在する。

そして、それとは別に、QA（品質保証）、トレーニング、WFM（Workforce Management）などの専門職に対し、各分野のプロフェッショナルが配置される。こういった「プロ」たちはラインには組み込まれず、サイトディレクターのもと、各業務のオペレーションマネージャーと並列的に位置づけられる。オペレーションマネージャーはクライアントごとに置かれるが、品質管理、トレーニング、シフト調整といったそれぞれの専門業務のプロたちは、複数のクライアントの業務を担当する。個別に動く複数の縦のラインに、同じ専門職による横串が刺さっていくということだ。厳密なプロセス管理に加え、顧客満足という定性的な価値を数値化してコミットするという、先に述べた特徴がこの組織形態にあらわれている。

グローバル企業がクライアントである場合、こういった専門職を配置することは契約書にも明記されている。つまり、グローバル標準の運用の現場では、それは「した方がよいこと」なのではなく「やらなくてはいけないこと」なのである。

もちろん、伝統的なスタイルの現場においても、品質管理、トレーニング、シフト調整は必要な仕事であり、そこでは日々の業務の中で、リーダーやスーパーバイザーがそれらの仕事を行っている。どの職位の人間がそうした機能を担当すべきかは状況や事情に応じて異なるが、誰かしら、できる人が行うことで現場を回している。

リーダーやスーパーバイザーの本来の仕事は、オペレーターのパフォーマンスを上げること、すなわち、応答率を上げたり、ミスを減らしたり、顧客満足度を高めたり、場合によってはサービスからの退会を思いとどまってもらったり、受注を勝ち取ったりすることである。そのために、オペレーターとコミュニケーションし、ケアし、育成することに向き合っていく必要がある。

しかし、現場にはそれ以外の仕事もあるわけで、現場を回していくためにリーダーやスーパーバイザーたちは品質管理、トレーニング、シフト調整などの業務も担うことになり、本来の仕事であるオペレーターのケアに十分な時間をとれなくなることもあったという。本末転倒といえばそれまでだが、スタッフたちはそのような仕事も自分の責務だと考えてきたし、他にする人がいるわけでもなく、そうしなければ現場は回っていかないのだから、それはそういうものだったのだ。

MNCスタイルは、その点が従来と最も異なる。

MNCスタイルすなわちグローバル基準でのコールセンター運営が、従来のベルシステム24の現場を動かしてきた面々にとってまったく「新しい」ものであるのはいうまでもない。しかし、MNCスタイルでの新センター立ち上げにあたって外資系企業から入社してきたスタッフは、これは「新しいことというより、当たり前のこと」だという。

「ベルシステム24に限らず、日本のコールセンターではオペレーションマネージャーにすべての権限が集中しており、人事もトレーニングもクライアントとの交渉もオペレーションマネージャーの責任で行うのが一般的ですよね。いわば、一人がいくつもの帽子をかぶっているわけです。ずっと外資系企業で働いてきた私には、逆に、これが特殊な状態に見えました」

一般の会社でも、人事、営業、製造などのさまざまな機能があり、それぞれの部署ごとに担う役割が異なる。役割の異なる部署の力が総合されることで、その会社の一つの姿ができる。

「そう考えると、機能ごとに職責を分けるグローバル標準のスタイルの方が〝普通〟といえるのではないでしょうか。そもそも、一人がいくつものことを同時に行ってもなかなか完璧にはできません。一つか二つの仕事に集中した方が、確実によいものができるはずです」

そう、グローバル標準であるMNCスタイルの大きな目的は、カスタマーに〝感動する顧客体験〟を提供することであり、その体験を通して顧客ロイヤルティーを高めることであった。つまり、よいものを提供することを目指しているのだ。よいものがつくりたければ、専門家に任せた方がよいのは道理である。

「長期的な品質を考えれば、その方が確実にプラスになります」

そのスタッフは、いい切った。

違和感ともどかしさと……新しい方法に戸惑う日々

長期的によい品質を提供するという目的に向かって導入されたMNCスタイルであり、その標準での運用を行っていくために発足したMNC本部。そのスタートアップは円滑に運んだのであろうか。そこに集まったスタッフの出自は実に多様である。

拠点を統括するサイトディレクターは、グローバル標準でのオペレーション経験が豊富でないと務まらないため、条件に合うプロフェッショナル人材を海外から招へいした。そのうちの一人は、これまでアメリカ、チリ、アルゼンチン、インドなど、数カ国のコールセンターでマネジメントを行ってきた人物だ。

サイトディレクターの下には、それぞれの業務ごとにセンターマネージャー（オペレーションマネージャー）が配されている。マネージャーには、自ら志望してこの現場に飛び込んできた人も、社内推薦で異動してきた人もいる。英語が得意な者もそれほどでもない者もいるが、マネージャーたちはバイリンガルの社員の手を借りつつ、外国人の上司と日々のコミュニケーションをとっている。

リーダーやマネージャークラスは、もともとのベルシステム24の社員が多い拠点もあるが、外部から転職してきたスタッフがほとんどの拠点もある。そして電話を受けるオペレーターは、他部署から異動してきたスタッフと、新規採用スタッフの混成チーム。MNC本部ではこのように、経験も文化的背景も異なる人たちがMNCスタイルでコールセンターを動かすことになった。

しかし、ベルシステム24で働いてきた多くの人は、ずっとこれまでのやり方で教育されてきている。そのやり方で大きな成功体験をもっているスタッフもいる。一つのやり方が骨の髄まで沁み込んでいるところに、「ここでは別のやり方です」と新しい標準をもってこられても、そうすぐに移植できないのではないだろうか。

そこで、オペレーションマネージャーらマネージャーに、新しいやり方について当初はどのように感じたか、現場ではどのような葛藤があったのか話してもらうことにした。

MNC専門センターの立ち上げプロジェクト自体は、彼らが赴任する数カ月前から動き出していたという。そこでは全国から呼ばれたエース級の人材たちが、試行錯誤しながら新しい標準での現場を立ち上げようとしていた。そして、このエース級の人々もやはり、「専門範囲をプロフェッショナルに遂行する」というグローバル標準のスタイルと、「何でもできるから、何でも自分たちでやる」という従来のスタイルの間で葛藤していた。

「たとえば、ある人が品質管理のマネージャーの役割に就いたとします。でも、これまでセンターのオペレーションを統括していて、他の分野についてもよくわかっているので、隣で動いているトレーニングのことも気になってムズムズしてしまう。口は出せない、でも、気になる。ときには口を出してしまうこともあったでしょう。最初から皆がすっきり割り切って動けていたわけではないと思います」

しかも、それぞれの機能の間では、時には相反する部分も出てくる。たとえば、品質管理を追求すると一時的にパフォーマンスが下がる場合があるし、トレーニングを強化しても、やはり同様である。機能ごとに専門家が立てられているが、コスト面を含めたそれらのトータルバランスはどうとっていくのか。そのように、手探りで落としどころを見つけていかなければならないことも、次々と出てきた。

また、ある結論を出したとしても、誰もこの方法での経験をもっていないので、その結論が正しいのかもわからないまま、前を向いて走り続けるしかなかった。

グローバル標準での契約で「電話をとるのはオペレーターであり、スーパーバイザーはとってはいけない」と決められていれば、仮にいくらセンターに電話が鳴り響いていても、そして自分の手が空いていたとしても、電話に応答してはいけない。口や手を出せない辛さ、難しさは、スーパーバイザーの場合も同じなのだ。

「あれこれしなくてはいけないことがなくなるのだから、楽になるし、本来の業務に集中できてよいではないか。なぜそれを難しいと思うのか」

そのような声も聞こえてきそうだ。しかし——。

「これまでは呼吸をするように自然にフォローに入っていたのに、それを禁じられるわけです。電話をとらなければ応答率が下がることがわかっていても、とることができないんです」

それを当たり前にやってきた現場の人間にとって、こんなにもどかしい状況はない。電話を受けたい、でも受けられない。単純なことであるが、この状況を受け入れられるようになるまで、もどかしい思いを毎日毎日抱き続けるわけである。

あるいは、オペレーターが欠勤したり、かかってくる電話量が予測と異なったりなど、突発的な出来事に対応して在室するオペレーターの振り分けを変えたいことがある。そのような調整は、目の前で現場を見ている人が行うのが最も早いはずだ。しかしグローバル標準のもとでは、WFMというシフト調整に特化した部隊を設置することが求められており、どんなささいなシフト調整でも、シフト調整である以上はこの部隊が行うと決められている。

ベルシステム24のＷＦＭ機能は神戸に置かれ、札幌のセンターの状況を遠隔でモニタリングしてどう変更するかの指示を出す。拠点が札幌であっても広島であっても沖縄であっても、オペレーション現場のスタッフはその指示を受けて、初めて行動を起こすことができる。電話対応が長引いて一人のオペレーターの休憩時間がずれこんだというような、傍から見るとどうということのない場合でも、神戸からの指示を待たなくてはいけない。

「突発的な事態に対して管理システムはアラートを出すのですが、そのアラートは自分のパソコンにも表示されるので、私にも何が起きているかわかります。それを見てどう対処すればよいか判断できていながら、自分はそこで対処をしてはいけない。正直、効率が悪いのではないかと思っていました」

しかし、グローバル標準がその方式をとっているということは、逆に、そこまでしてリーダーやスーパーバイザーの手をその他諸々の業務から放し、本来の仕事に集中させたいという強い意向がある、ということでもある。つまり、グローバル標準においては、スーパーバイザーがきめ細かくオペレーターのケアを行えば、生産性や品質は向上するという考え方があるわけだ。実際、「スーパーバイザーは労働時間の80％以上をオペレーターとのコミュニケーションにあてる」と規定しているクライアントもあるという。80％までいかなくとも、外資系クライアントはほぼそのような規定を盛り込んでいる。

このように、これまでのベルシステム24のやり方に慣れた人から見れば、まるで別の会社に見えるだろうスタイルでオペレーションしているのが、MNC本部なのである。

このような現場で管理者の人々は新しいうねりの渦中で、必死にもがきながら新体制の構築を進めていたわけだが、一方で、現場の最前線にいるエージェントといわれるオペレーターはどうだったのだろう。グローバル標準により、働き方は何か変わったのだろうか。

「基本的に電話をとる仕事であることは変わらないので、業務内容には違和感はなかったでしょう。異なるのは、評価指標が厳しいこと。KPIでの管理が厳格で常にパフォーマンスが可視化され、そこにフォーカスされるという点には、戸惑う人もいたかもしれません」

一方で、メリットもある。電話を受けていると、どう答えてよいかわからない質問や、どう処理してよいかわからない案件が出てくるものだ。オペレーターのケアをするのがスーパーバイザーの仕事だと明記されているグローバル標準スタイルにおいては、スーパーバイザーが横で親密にアドバイスしてくれたり、コーチングしてくれたりしやすく、オペレーターは安心感を得やすくなる。

先の厳密な指標での管理についても、スーパーバイザーを務めていたスタッフには、モチベーションの向上につながるメリットのあるものだと感じられたという。

KPI評価の厳しさはグローバル標準の大きな特徴の一つである。この評価指標が現場でどのように位置づけられているのか聞いてみよう。

数字の厳しさに直面し、数字に意欲もかきたてられた

「どうしてこんなにKPIがあるの?」

オペレーションマネージャーは着任間もないころ、そう思ったという。グローバル標準では、一つのオペレーションを測るために30もの評価項目が用意されていた。こ

れまでの経験では、品質面、生産性、デリバリーなど、項目は大きく三〜四つに集約されていくのが一般的だったが、見せられたリストにはその10倍もの項目が並んでいた。もちろん30項目が同列ではなく、その中で優先順位はつけられているのだが。

「オペレーターに対する期待値もこの数字がベースになるわけです。これは管理手法も変わるだろうな、と思いました」

これを受けて、別のマネージャーもいう。

「指標が細分化されているのは、それぞれの項目について、どこが責任をもつかが明確にされているということでもあります。最終責任はセンターマネージャーにあるとしても、たとえば、オペレーターのパフォーマンスがよくならないのは、そのための役職であるスーパーバイザーの責任だというふうに見るわけです」

機能分担が明確とはいえず、ゼネラリストが現場を回していた従来のやり方では、どの項目についても、オペレーションマネージャーなりスーパーバイザーなりの責任ということになる。しかしグローバル標準では、品質は品質管理担当者に、教育はトレーニング担当者に、オペレーターの成績はスーパーバイザーに、それぞれ明確に責任をもたせている。同時に、クライアントに対して示すべき成果も明確にされている。

ＫＰＩの数値は、毎日クライアントからチェックされる。オペレーター自身も、決められた業務フローで電話の応対さえしていればよいわけではなく、日々、この数字に直面し改善を要望される。しかも、数字を上回ればクライアントからインセンティブが支払われ、下回ればペナルティーが課されるという厳しさである。

また、日本企業の場合、コールセンターを立ち上げて運用していく業務をベンダーに委託したら、基本的にはベンダーに任せるというスタイルが一般的だが、外資系企業の多くは結果を出すまでのプロセスをさらに重視する。立ち上げ当初は、クライアントの担当者がほぼ常駐し、その場を見ながら毎日のＫＰＩの達成度を確認し、軌道に乗せていくところまでともに行動することもあるという。それも、ＫＰＩの数字がすべてのベースだからである。

一見厳しい仕組みだが、現場では必ずしもネガティブに受け止められていたわけではないという。

何事においても可視化というのは大切なもので、昨日はこうだった、今日はこうだったと客観的な結果を見せられることで、「明日はもっとよくしたい」という意欲が引き出される。それは自分の業務を振り返ることになり、「もう少しここをこうしてみよう」「このやり方を改善してみよう」という行動につながっていく。行動を変えた結果がどうであったかは、またすぐ数値で確認することができる。つまり、KPIは、オペレーター一人ひとりがPDCAサイクルを回し始めるきっかけとなるのだ。

考えてみれば、これは特別なことではない。人が主役のコールセンターではともかく、トヨタが現場の効率アップを徹底的に行っているように、製造業などでは一般的に行われてきた。人を媒介にしたビジネスにも、そのような手法が導入され始めたにすぎない、というい方もできるだろう。

いずれにせよ、グローバル標準のスタイルが数十のKPIで現場を評価し、役割分担も厳密に規定されて責任の所在を明確にするものであるならば、現場はそれを受け入れ、やっていくしかない。なすべきことは、それぞれの職務にある人が、それぞれの業務の責任を果たすことで、「長期的なクオリティの維持・向上」という一つの価値に向かっていくこと。ベルシステム24はここで、「会社はそういう機能を提供できるようにしていく」という選択をしたわけである。

「しかし、やはり現場にいるのは人なんです。立ち上げ時には人数も十分でなかったこともあり、頭では自分の仕事ではないとわかっていても、現場を回す人が足りないからと、これまでのように、本来は他の人のするべき仕事を引き受けてしまうこともありました」

そうすると、現場に従来のやり方が混ざりこんできてしまう。それではいけないと、また意識して戻す。少しすると、また戻り始めてしまう。現場のスタッフは、従来のやり方とグローバル標準の間で揺れ動きながらも、なんとか目指す方向へ歩を進めるべく適正な融合点を探求していった。

本来の役割は何？　自分の仕事を問い続けて

明確な役割分担や多様なＫＰＩの他に重要なのが、ＳＯＣ（Span Of Control）、すなわち管理者比率だ。グローバル標準においては、オペレーターと管理者の比率も従来とはちがう。従来どおりのセンターではスーパーバイザー１人がオペレーター10人程度を見ていたが、グローバル標準のもとでは、スーパーバイザー１人が見るべきオペレーターは15～20人。１００人規模のセンターなら必要なスーパーバイザーは５名となる。クライアントからはこのような基準に基づくロジカルな組織設計が求められ、それに基づいて厳密に価格設定がなされていく。

これまでは、さまざまな業務も行っていた分、スーパーバイザーの人数も必要となった。しかし、さまざまな業務をプロたちに任せれば、1人でより多くのオペレーターをケアすることができる。効率も品質も上がる上、管理者が少ない分、トータルのコストも変わってくる。そのような組織設計もグローバル標準の基本的な特徴の一つだ。

スーパーバイザーに求められるのは、先にも書いたが、オペレーターのパフォーマンスを向上させること。オペレーターの横に座ってコーチングし、面談してKPIの数値などをフィードバックする。一人ひとりのオペレーターに対して、そのような時間を割くことがスーパーバイザーの中心業務なのだ。

オペレーター一人につき30分なり1時間ずつ時間をとるとすると、オペレーターとやりとりするだけで1日が終わることになる。しかし、そこに労働時間の80%を割くようにという基準もあるように、クライアントから求められているのは、まさにそういうことである。

ここで、素朴な疑問も生じる。本当にコミュニケーションの時間を増やすと、パフォーマンスは向上するのだろうか？

それについて、スーパーバイザー経験をもつスタッフは、「オペレーターと密に接するこのスタイルが定着すれば、必ず成果が出るという感触がある」と断言した。グローバル標準がスタートした当初、雑事が多かったこともあり、現場では新しいやり方がなかなか徹底されなかったという。サイトディレクターは口を酸っぱくして指示した。

「何をおいても1on1（ワン・オン・ワン）をするように」

1on1とは、コーチングや面談など、オペレーターと1対1でじっくりやりとりをすることだ。それを毎日、徹底して実行するようにと、管理者は言われ続けた。サイトディレクターはそれにより「それが自分の仕事のメインである」という意識を植え付けようとしたのだろう。スーパーバイザーは毎日、担当する十数人のオペレーターと話をし続けた。

「私には、はじめはそれがオペレーターにとってうれしいことなのかわかりませんでした。でも、毎日数字を見せていくと、それだけでオペレーターの意識は高まりました。それに、時には雑談もしたりするので、この人はどういう人かが次第に理解できてくるんです。そうすると、調子が上がっていないときも原因を察して気遣うこともできるようになりました」

いい方は悪いが、最初は強制的なコミュニケーションだった。しかし、接する時間が長くなることで関係性は築かれていく。すると、オペレーターの欠勤率の低下など、意外なところにも変化が表れたのだという。

「ここで休むとスーパーバイザーに迷惑をかけてしまうな」

そのようにオペレーター側にも、スーパーバイザーの立場を理解する気持ちが芽生えてきたのだ。数字を意識できるようになったこと、関係性が築かれてきたことの成果は、きちんと数字に表れてきた。

「それを徹底していた期間、数字は改善したんです。その後も自分が忙しくしていても、オペレーターから『今日は1on1をしないんですか？』と声をかけてくれるようになりました。オペレーターも成果を感じてくれたのだと思います。人の結びつきによって生まれるものは本当にあるんだと実感しました」

数値化してパフォーマンスを管理するなどというと、一見、冷たく味気ない感じがしてしまう。しかし、その体制の中でも、スーパーバイザーが本来の役割に集中することで、温かみのある人間同士のつながりは生まれてくるのだ。そして、数値という客観的な指標と、人間関係という主観にも影響されることのかけ合わせにより、現場の士気も生産性も上がっていく。

「グローバル標準のねらいはこういうところにあるのかと、実際に行うことで実感しました」

日本のマーケットが少しずつ変わり始めた

ＭＮＣスタイルも三年めに入った２０１６年現在、全体の足並みはそろい、向かうべき方向に向かえる体制が整ってきている。ここまで来る間、それぞれの立場の人が、それぞれに悩み、もがき、あるいは少しずつ手応えをつかんできていたことは、見てきたとおりである。

それにしても、ともすれば慣れ親しんだやり方に戻ってしまう現場を、海外から来たサイトディレクターはどのように感じていたのだろうか。多様な価値観の国で働いた経験をもつ彼は、当初、「日本人は新しいことをするのに躊躇する傾向がある」と語っていたこともある。「やると決まったことなんだから、これまでの仕事からパッと手を離し、新しいやり方でやればいいではないか。なぜやらないのだろうか」と思っていたのではないだろうか。

日本企業で初めて働いたというこのサイトディレクターに尋ねてみると、やはり「日本人は結果を求める上で、変化するのを恐れる傾向がある。ベルシステム24のスタッフも、マーケットも、一般的にそうだといえる」と返ってきた。しかし、続けて「この2年でスタッフもマーケットも、ゆっくりではあるが確実に変化している」とも述べた。

これまでいくつもの国で働いてきた彼は「心をオープンにしてその国の状況を見聞きし、受容する」ことを心がけているという。グローバルのやり方を一方的に要求するのではなく、まずは受容するのだ、と。そして、それをクライアント視線、あるいはその会社内部の視線で見て、変える必要があるか、新たに取り入れるべきものがあるかを判断し、スタッフに指示をしている。彼がベルシステム24でもこれまでと同じように心を開いて受容し、判断した結果が、「このままでは新しいやり方になかなか移行しない」であり、「現状を変える必要がある」だったのだろう。そのために、たとえばスーパーバイザーに出した指示が、「何をおいても1on1をするように」だったのだろう。

日本のマーケットについても、変化の兆しは感じている。

「しかし、まだまだ日本企業はコスト削減や利益追求の点でアグレッシブではなく、もっと効果がある方法を貪欲に取り入れた方がよいと思うことがあります。コールセンターの運営でいえば、間違いなくその筆頭が、数字を重視するグローバル標準です」

日々の徹底した数値管理から生み出される高品質と、ロジカルな組織設計から導き出される低コスト。グローバル標準は相反するかに見えるそれらを両立し得るコンセプトであるが、そのようなメリットは、まだ日本の企業に広く知られているとはいえず、その〝経験者〟であるMNC本部は、国内マーケットを深耕するマーケティング部隊に協力しながら、グローバル標準を国内向けにアレンジした《BELL Standard CX》導入のためのセミナーでの登壇、広報用DVDへの登場などを行い、認知を高めるための活動を活発に行っている。

変化はスローだ、しかし変化はしている、とサイトディレクターはいった。セミナーに立ち会うことのある本部スタッフも、実際にそのとおりだと感じているという。

「セミナーに参加されている企業の方々の視点は、従来の『アウトソースは安くなければ』という効率最重視のものから、『品質や顧客満足が大切だ』というものに変わりつつあります。これまでのやり方では未来が開かれない、そのような意識が生まれていることは、MNCスタイルの追い風になると思います」

サイトディレクターも続ける。

「現在はまだ、新しい方式を取り入れ、構築している途上ですが、成長の可能性は非常に大きいと感じています。将来的に、この方式は日本企業のコールセンター運営にも確実に広がっていくでしょう」

それはなぜか。一つはベルシステム24での実績が企業間の口コミで知られるようになることがあるが、もう一つ、コスト効率を前提としながら、本当にカスタマーの満足度を向上させエンゲージメントを強化しようとするのであれば、必然的に取り入れざるを得なくなると予測されることもある。顧客満足度を中心とする品質を向上させることができれば、クライアントはより多くの新しいビジネスチャンスをつかめるはずであり、グローバル標準を放っておく手はないのである。

それにしても、合理的かつ定量的なイメージが強い外資系の企業が、このように定性的な顧客志向を徹底していることは意外な気もする。

「顧客満足を追求するとリピーターが増え、長期的な利益につながるからです」と、先の本部スタッフはいう。

「『カスタマーのために何でも行ってはコストがかかってしかたない』と、コスト管理の問題として短期的に考えるか、『今コストをかけても、リピーターが増えた方が長期的にはメリットがある』と、長期的に見るか。外資系企業は、長期的に考える方が利益は大きいと考えているわけです」

見方を変えれば、顧客満足を追求すると「要望にすべて応えねばならず際限がない」と考え敬遠するのか、顧客満足という一見定性的な指標を定量化し、やるべきこととやらないことを明確に切り分けた上で、その結果にコミットすることによりカスタマーとの関係を強化できると考えるのか、この違いであろう。

だからこそ、顧客対応は自社で行わず、専門のアウトソーサーに委託する。「専門家が行う方がよいものができる」というグローバル標準の組織設計の考え方と同様の思想が、ここにも表れている。顧客満足のために高品質なサービスを行うにはどうするべきか。ここには一本のブレない軸が通っていることがわかるだろう。

「言葉の壁」を乗り越える組織構築とコミュニケーション

最後に、コミュニケーションの問題に触れておこう。

サイトディレクターは数人の外国人が務め、会話でもメールでも、コミュニケーションには英語が用いられる。スタッフにはバイリンガルが何人もいるとはいえ、日常のコミュニケーションには問題が生じないのだろうか。スタッフの一人はいう。

「言葉の壁は小さいとはいえないでしょう。英語を話せる人ならよいのですが、他のスタッフを介して話す場合は、スムーズなコミュニケーションがとれるとはいえません。いいたいことがあってもいえない状況も、日本人同士の場合よりも起こりやすいと思います」

サイトディレクターも何らかのもどかしさは感じているに違いないのだが、インタビューの間、彼はその点についてネガティブに語ることはまったくなかった。

「本当に重要なことは、言葉の壁よりも、組織構築がきちんとなされていること、そして、その上でコミュニケーションを確実に実行すること。スーパーバイザーとオペレーターが必ず1on1のコミュニケーションをしているように、私も部下と毎週1on1のコミュニケーションをとり、私の戦略や考え方を理解してもらうようにしています」

全スタッフを集めてのミーティングも毎週行い、考え方の落とし込みを徹底している他、オペレーションマネージャーたちの抱える問題を共有し、解決方法の提案なども行っている。

さらに、コミュニケーションと同時に、関係性を築くことを原則としているという。

「チャットや口頭でのコミュニケーションもよいですが、一緒にランチを食べに行ったり、休日にサッカーをしたり、そのようなところで関係性を構築することを心がけています。年度目標を共有する機会として、堅苦しい会議ではなく、気軽に成功体験も共有できるようなミーティングの場も設定しました。私はチーム戦を重視しているので、関係性の構築はとても大切だと考えています」

さまざまな機能が個々に専門性を発揮して動くことで、まとまると大きな力になる。それが組織というものだ。先に、そのように語ったスタッフがいたことを思い出す。

サイトディレクターもいう。

「チームは、手のようなものです。それぞれの指に役割があり、5本全部で何かをつかむ。それぞれの強みを最適化してチームを動かし、より大きなものをつかむことが私の役割なのです」

当初はなんとなく、MNC本部のコミュニケーションはもっとドライなものかと予想していたが、決してそうではなかった。人間同士が顔を合わせ、一つの仕事に向かっていく場で行われるコミュニケーションは、徹底して業務が数値化されて評価されるシビアな現場においても――いや、むしろそうだからこそ――温かな体温を感じさせるものだった。

「KPIも重要ですが、それを達成するには、よいチームを築くことが重要です。人がビジネスを動かすのですから、そうでないと、よい成果を得ることはできません」

そう彼は断言し、ビジネスにおいて、自分は〝三つのP――people（人）、process（プロセス）、product（製品）〟を重視していると続けた。

「人とプロセスをかけ合わせてできるのが製品であり、よい製品をつくるためには、人もプロセスもよいものである必要があるのです」

言葉の壁は、もちろんなくはないだろう。しかし、別の方法でその壁を越えることにチャレンジすればよいのだと気づかされる。

「三つのPの中で、人がなにより重要です。そもそもオペレーターがいなければ電話をとることさえできないのですから。何をするにも、まず人ありき。コールセンターのビジネスはすべてにおいて、人から始まるのです」

このサイトディレクターの人・組織に対する考え方は、「何よりも人が大切」と考えるベルシステム24のもともとの方向性と、基本的に合致している。かかわるスタッフが同じ方向を向きながら、ベルの〝和魂〟の中に、MNCスタイルという〝洋才〟を移植していく。この試みからは、単なる和でも単なる洋でもない、プラスアルファの価値が生み出されていく大きな可能性が感じられた。

ベルシステム24ならではの和魂洋才スタイルを目指して

グローバル標準・MNCスタイルのコンセプトを導入して3年、まだこれで必ずしも大きな成果を上げているわけではない。しかし、いずれこの方式は、コールセンタービジネスの中で確固とした地位を確立するようになるだろう。

といっても、日本のマーケットがすべてグローバル標準に置き換わるといいたいわけではない。ベルシステム24がこのスタイルを確立することで、コールセンタービジネスに新たなメニューが加わる、それがまず魅力的なことではないかということだ。

そしてさらに、その延長上に期待されるのは、従来のスタイルと新しいスタイルを融合させたハイブリッドスタイルの登場である。融合の度合いは、従来5：新5とは限らない。従来1：新9でも、従来3：新7でも、あるいは従来9で新1でもよい。たとえば「簡易な質疑対応は従来どおり、高度なオペレーションの方法はグローバル標準」など、どのような割合でも、クライアントが〝いいとこどり〟と感じるような組み合わせのスタイルを、近い将来、ベルシステム24は提供できるようになると考えられるのだ。

従来のスタイルとグローバル標準スタイルの間にスペクトラムのように広がる、あらゆる段階のハイブリッドスタイル。そのような〝和魂洋才〟ともいうべきメニューがベルシステム24のビジネスに加わるということは、どのようなクライアントのどのような要望にもぴったりとフィットするオーダーメイドの高品質なコールセンターが誕生し得る、ということでもある。他の章でも伝えてきたベルシステム24の「クライアントに寄り添う力」は、このハイブリッドスタイルにおいても、大きな力を発揮する予感がする。

実は、２０１６年3月、ベルシステム24からＭＮＣ本部という本部名が消えた。機能はそれまで同様にしながらも、従来のオペレーション組織の中に発展的に融合される一歩を踏み出したのだ。つまり、ベルシステム24は目指すべき姿――あらゆる段階のハイブリッドスタイルを提供する、オーダーメイドのコールセンター――に向かい、現実的に歩み始めたのである。

蒔かれた種は、まだ芽が出てきたばかりで、現場では模索が続いているところもある。しかし、時代の風は顧客志向、品質重視の方向に吹き始めている。少し先の時代、ベルシステム24の確立したグローバル標準と、日本ならではのハイブリッドスタイルは、確実に、青々とした葉を茂らせ、鮮やかな花を咲かせていくことだろう。そしていつの日か、ＭＮＣという言葉そのものも使う必要がなくなる日が来るのかもしれない。

第4章
パートナーと呼ばれるようになるまで
～顧客とともに成長する～

――クライアントに対して諫言ともいえるアドバイスをし、その結果として相手にメリットをもたらそうという姿勢――

（161頁）

感動は「期待以上」から生まれる

顧客のパートナーとなる。それはビジネスの世界では、どの業種であっても当たり前の考え方だといえる。顧客なくして事業は成り立たないし、顧客と強固な関係性が築ければビジネスは安定したものになっていく。ベルシステム24でも、会社の目指すべき姿として「顧客のパートナーとなり、顧客とともに成長する」という言葉を常に掲げている。

しかし、何事も「言うは易し、行うは難し」である。クライアントのパートナーとして行動し、相手にもパートナーだと認められ、互いに成長を続けているビジネス上の関係というのは、現実にはそれほどありふれたものではないだろう。

ベルシステム24には、それを実践し、クライアントにも評価され、実際にパートナーと認識されている取り組みがある。この次の第5章で紹介するものは、その代表的な事例の一つである。第5章では一つの仕事から他分野へと業務範囲を広げていくかたちのパートナーシップを追っていくが、本章では、ベルシステム24がどのようにクライアントとの関係性を築き、ともに変化し、成長する状態をつくりだしていくのか、主にマインドと行動原理に焦点を当てて見ていきたい。それにより、顧客とのパートナーシップを実現するベルシステム24のもつ「何か」が掘り当てられるのではないかと考えている。

ベルシステム24はWEBサイトにも大きく「期待を跳び越え感動を届ける」という文字を配しているように、クライアントに感動水準のクオリティーを届けることを目指している。

この「感動水準」という一言に触発され、「クライアントに感動をもたらす提案をしよう」と奮起した若手営業マンがいると聞いた。彼はクライアントに感動してもらうために何をすべきか必死に考え、行動した結果、クライアントとベルシステム24の間に強固なパートナーシップを築くことに成功したという。ベルシステム24の「何か」を探るにあたり、まずはこの若手営業マンの取り組みを聞いてみたい。彼は、何に、どのように取り組んだのだろうか。

彼は飲食店情報サイトの運営会社を担当する営業マンである。クライアントにもっと喜んでもらいたい、どうすればよいだろうかと思案するうちに、こう考えるようになったという。

「自分もクライアントに感動を届けたい！　でも、どうすればよい？　そもそも『感動水準』とは、どういうレベルのことをいうのだろう？」

そもそも「感動」とは何か。手元の辞書で言葉の意味を引いてみたところ、「強く心を動かされること」とあった。人が強く心を動かすのはどういうときなのか、彼はそこから考え始めた。

「そして、驚くにしても笑うにしても、もともと相手がわかっていることをしたところで、強くは心を動かさないのではないか、と気づいたのです。ということは、想定できることではなく、期待を超えることをすることが重要ではないかと思いました」

ＫＰＩの数値をいくら向上させたとしても、これまでの業務の延長上にあることなら、クライアントの「想定の範囲内」だろう。ということは、獲得率や応答率をいくら改善したところで、喜んではもらえても、感動にまでは届かない。では、自分は何をするべきか。過去の延長にないことには、どのようなことがあるだろうか。

「考え続けているうちに、ふと気になったんです。クライアントが本当は実現したいと思っているけれど、いろいろな事情から諦めていることって何だろう、と。そういうことは必ずあるはずです。そして、それをベルシステム24が実現することができたら、感動していただけるに違いないと思ったんです」

私たちはクライアントに対して提供する内容を考えるとき、無意識に過去の経緯を踏まえ、現在の契約の範囲内で考えようとする。実現しやすさから考えれば、それが定石である。しかし、既成概念の中から出てくるのは過去の延長にあるアイデアにすぎない。

彼はあえてそのような枠を外して考えることにした。そして、受託していたコールセンターでの問い合わせ業務という範囲内で考えることをやめて、広く「思い込みや既成概念による諦め」を探るため、一度、クライアントの業務フロー全体に目を向けることにした。

クライアントはそれまで都市部の飲食店を中心に情報提供を行っていたが、ちょうどそのころ、地方展開をスタートさせ、営業ターゲットの数が大きく増加していた。それだけでも大変なのに、割引クーポンやネット予約など、サービスが複雑化したために、クライアントの営業担当者たちの負担は増大していた。

営業対象が増えれば、ＷＥＢコンテンツの制作量も増加する。彼はクライアントとの付き合いの中で、ＷＥＢコンテンツのための原稿制作に追われ、営業担当者の残業が常態化していること、しかも、そのために本来の業務である営業活動に十分な時間がとれなくなっていることを知っていた。

「では、原稿作成にかけている時間を、本来の営業業務にまわせるようにしてあげればよいのではないか？」

さっそく、ＷＥＢコンテンツの制作フローを確認してみると、「いつでも発注に対応してほしい。原稿の入稿方法に対しても融通を利かせてほしい。納期も早めてほしい」という営業サイドの思いを、制作サイドは受け止めきれていないという状況が見えてきたという。

制作サイドとしても、言い分はあるだろう。受付を24時間可能にすればコストが増えるし、納期を短縮すればチェックに十分な時間をかけられず、トラブルが起こりやすくなる。必要な情報がすべてそろわない状態のまま入稿を受け付けると、ミスの発生リスクも高まってしまう。おそらく、そのようなリスクを避けるために、入稿ルールが厳密に決められていたと考えられる。

しかし、この厳密なルールが、営業担当者のストレスの原因になっていることも事実だった。

「長年の習慣から、営業の方々はそれを仕方ないことと諦めていたんです。では、もしここで私たちがストレスを感じない制作フローを提案できたら、どうでしょうか。私は、クライアントは感動してくださるに違いないと確信しました」

変えること、変わることを恐れない

ＷＥＢコンテンツの制作など、受託していたコールセンターでの電話応対業務とはまったくの畑ちがいだ。それなのに、彼はこれを提案しようと考えた。

「感動水準」を実現するには既存の業務範囲内ではだめなのだと、頭では考えられても、ことはそう簡単ではないはずだ。現実には新しいアイデアを実行できる体制など何もなく、ＷＥＢコンテンツを制作する人材を集められるかもわからない。下手をすれば、無責任な思いつきで終わってもおかしくはない。彼がここで、怯むことなく既成概念からジャンプできたのはなぜなのだろうか。

「だって、ベルには先行事例がたくさんあるじゃないですか」

確かにベルシステム24は、コールセンター以外の業務を数多く受託している。第5章の事例の他にも、全国の拠点で電話対応とはまったく異なる業務を展開し、それぞれ実績を積んでいるのだ。ということは、ベルシステム24は諸々の業務に適した人材を、きちんと採用し、教育できているということになる。他の拠点でできているなら、自分たちにもできなくはない。そう考えるのは自然なことかもしれない。

さっそくクライアントに「ベルシステム24なら、このようなWEBサイトの制作体制を提供できる」と提案してみた。クライアントは、本当にできるのかと半信半疑だったというが、それも無理はないだろう。しかし、やってみなくてはできるかできないかはわからない。まずは、クライアントがサービス展開を始めたばかりで規模もまだ小さい地方の拠点で試行し、様子を見ていただくことにした。

方針は、これまでクライアントの営業担当者が制作サイドに対して「こうだったらいいのに」と感じていたことを、すべて実現すること。

「入稿は平日の日中に限らず、夜間でも休日でも受け付けてくれればいいのに」

「原稿はすべての情報が完璧にそろっていなくても受け取ってくれればいいのに」

「納期をもっと短縮してくれればいいのに。お客様は早くWEBに公開してほしいと思っているんだから……」

ベルシステム24は、それらのどの要望にも応える体制を組み上げた。

「入稿受付は夜間でも土日でもOK」

「原稿はすべてそろっていなくてもよいし、電話などで必要事項を伝えてくれれば、オペレーターがテンプレートに則って原稿を制作する」

「納期も短縮。早ければ2日後、遅くとも3日後には納品完了」

オペレーターも含め、皆が「この新しい仕事でクライアントに感動を届ける」ことを意識して挑戦した。未経験の業務だったが、幸いなことに、業務は大きなトラブルもなく流れ始めた。

喜んだのはクライアントの営業担当者たちだ。原稿作成の手間が大幅に軽減できたため、商談の後、すぐに次の商談に移ることができる。この方式を導入した後、商談件数は20％増え、それに伴い成約件数も増加したという。

「一度、この便利なフローを経験したら、もう元には戻れないと思います。ということは、クライアントはもうベルから離れられないということなんです」

彼は屈託なく笑った。

営業の方の負担を減らし、もっと営業活動に本腰を入れられるようにしてあげたい。そうすればクライアントの業績も上がる。便利で快適になり、しかも業績も上がるのであれば、必ず喜んでいただけるだろう。そんな「クライアントに感動していただきたい」という一念でつくり上げた新しい業務は、クライアントから大好評だったという。

一つの地方拠点からスタートしたこの「ベル方式」は、現在、全国の全拠点に拡大している。この急拡大という事実から、クライアントが驚き、喜び、感動したことが伝わってくるのではないだろうか。営業の方々からも、感謝の声が続々と届いているという。まさにクライアントは、ベルシステム24から離れられなくなっている。そして、ビジネスパートナーとして欠かせない相手と考えてくださるようになったのだ。

彼がクライアントとのパートナーシップの構築に成功した最大の理由は、既成のルールを変更することを恐れず、相手に一歩踏み込んで提案したことに尽きるだろう。それは、ベルシステム24に対するクライアント側の期待値をはるかに超える結果を生み出すことにつながった。
そのときに必要だったのは——そう、「クライアントになりきる」という姿勢かもしれない。クライアントになりきってクライアントのメリットを考え抜き、そのためなら既成概念を壊していく勇気をもつ。それが、ベルシステム24のもつ「何か」の一つといえる気がした。

クライアントになりきり、勇気をもって踏み込む

たった一つの事例だけで仮説を立てては、単なるこじつけになりかねない。しかし、私たち取材チームはベルシステム24のいくつもの拠点を訪ね、同じようにクライアントになりきってクライアントの利益を考え、一歩踏み出す勇気をもって未知の領域を切り拓くスタッフが、そこここにいるのを目にしてきた。

たとえば、オペレーションの現場でスーパーバイザーを務める、20歳代の女性スタッフ。彼女は通販会社を担当しており、クライアントの拡販につながる新しい提案をするべく頭をひねっていた。

経営戦略やマーケティング戦略の立案にあたっては、しばしば「ＳＷＯＴ分析」という手法が使われる。企業をとりまく環境を、内部環境にある「強み（Strengths）」と「弱み（Weaknesses）」、外部環境の「機会（Opportunities）」と「脅威（Threats）」という4カテゴリーに分けて分析し、経営資源をどのように活用すれば有効であるかを検討していくものだ。彼女もクライアントのＳＷＯＴ分析を行い、「弱み」の要因をもとに、今までクライアントが実現できていなかったことを見つけるつもりだったという。

「でも、企業理念や社風がわからなければ、クライアントが本当に満足してくださるサービスは提供できないだろうと考えました。独りよがりな考えでは、クライアントに寄り添った提案にはなりませんから」

ＳＷＯＴ分析を行うのはクライアントをもっとよく知ってからにしようと考えた彼女は、クライアントの理念や社風を知り、何を大切にしている企業なのかを把握するために、ホームページや企業パンフレットに隈なく目を通しただけではなく、創業者が執筆した本も探して読み始めたという。

「本を読んで、『カスタマーに幸せになってもらうことで、自分たちも幸せになろう』という気持ちが込められた理念に、とても共感しました。そこで働きたくなってしまったくらい、クライアントが好きになったんです」

このとき、彼女の気持ちはもはや、「クライアント企業の社員」のようなものだっただろう。相手に寄り添うというより、やはり相手になりきっていたといえる。

そこまで相手に共感し、理解して、初めてSWOT分析に取り組んだ彼女が考えたことは、カスタマー同士がコミュニケーションをとれるWEBサイトの構築・運営という、やはりコールセンターの業務範囲を超えた内容だった。提案自体には未消化のところもあり、このときは採用されるには至らなかったが、クライアントの利益のために真摯に考えた案であることは相手にも伝わり、その後、「この人には任せて大丈夫」と、クライアントから信頼していただけるようになったという。

「大切なのは、腹落ちするまで相手を理解すること。見せかけの共感では、相手にも伝わってしまいます」

先の営業マンも、このスーパーバイザーも、クライアントのメリットを考え抜いた結果、つまり、クライアントになりきって考えた結果、当たり前のようにコールセンター業務を跳び超えた提案を行うに至っている。そして、採用・不採用の違いはあるが、いずれもクライアントとの信頼関係を築くことに成功している。

自らクライアントの求めること、場合によっては、まだクライアント自身にも見えていない潜在的な要望をすくい上げることから、パートナーシップへの第一歩は始まるといえそうである。しかしこれは、「ベルシステム24はコールセンターを運営する会社です」と決まり切った役割にとどまっていては、決してできることではない。

相手は自分ではないから、相手に寄り添うには、自分自身を変えなくてはいけないこともある。結婚生活だって、どちらもそれまでの習慣に固執せず、お互いに歩み寄る努力をしていく方がうまくいくはずだ。自分自身を変えるのは簡単ではないが、パートナーシップを築こうというときに、変化する努力というのは必須のものなのかもしれない。

実際、これまでベルシステム24は、クライアントの多様な要望に対応しながら、徐々に業務範囲を拡大してきた。それは先の飲食店情報提供サイトの担当者の行動からもよくわかるだろう。

さらに彼女に、クライアントになりきって提案するとき、重要なことは何だと思うかと尋ねてみた。

「勇気です。踏み込まなくても仕事はできるかもしれません。しかし、勇気をもって一歩踏み込まないと、成果は出せないと思います」

彼女はクライアントになりきり、クライアントにとっての機会と思われる領域をフォローするためのアイデアを提案した。それは、頭でっかちの戦略ではなく、気持ちの上でガッと相手に踏み込んで生み出した提案だったのだろう。

それにしても、先の営業マンの話と、なんと共通していることだろう。営業マンの彼がいるのは東京、彼女の拠点は関西であり、普段から接点があるわけではない。ということは、ベルシステム24全体に「改善のDNA」が流れているのと同じように(第1章)、相手のことを考え、寄り添うときの「相手になりきる」「勇気をもって一歩踏み込む」というこの姿勢も、ベルシステム24に流れるDNAの一つといえるのかもしれない。

彼女とクライアントの間に信頼関係が築けたことにより、両者が強固なパートナーシップで結ばれる状態に確実に一歩を踏み出したといってよいだろう。ベルシステム24の社員がクライアントに対してどのような思いを抱いて働いているか、その一端に触れることができたと思う。強力なパートナーシップもこのような思いなくして生まれることはなく、ここにもいずれ、成長し合えるパートナー関係がつくり上げられていくだろうと推測された。

「できない」といわず、要望に応え続けて

これまでは若手社員の思いと行動にスポットを当ててきたが、「顧客のパートナーとなる」という点において、より注目すべき事例があると聞き、さっそくお話をうかがいに行った。

対応してくださったのは、大手情報通信グループの事業を担当する事業部長だ。そのクライアントとは長い付き合いがあり、ともに変化しながら絆を強め続けてきたのだという。ともに変化し合える状態を、どのようにしてつくり上げてきたのか、その秘訣を探ってみたい。

２００４年、クライアントとベルシステム24との関係が大きく変化した。クライアントからはそれ以前もコールセンター業務を受託していたが、この年、クライアントの経営方針やベルシステム24との関係性の変化により、クライアントからの受託量が

大幅に増加することになったのだ。

　経営層がそう決定したとはいえ、クライアントの現場担当者としては複雑である。それまで他ベンダーとうまく回していた業務も、ベルシステム24に委託する必要が生じ、必ずしも快く発注してくれた部署ばかりではなかったという。

　ベルシステム24は、やるからにはしっかり対応しようと、それなり以上の人材をその事業に送りこんだが、当初はクライアントの期待に応えられないことが多かった。数年間その業務を運営してきた他ベンダーにはノウハウやナレッジの蓄積があるが、引き継いだばかりのベルシステム24はそれらをもっていないのだから、無理もないことではある。しかし、従来やっていた他ベンダーと比べられては「本当に任せられるのか」と不安感を抱かれ、「こちらの業務はベルに出すが、こちらに関してはいっさい出さない」など、委託される業務領域は限定されていた。

「正直、マイナスからのスタートでした」そう事業部長は振り返る。

　２００４年当初に受託したのは、クライアントのグループ内の複数の事業会社の仕事だ。それらの会社における業務運営の考え方は同じグループ内とはいえそれぞれ違い、ベルシステム24との付き合い方も異なっていた。

たとえば、ある事業会社の業務では、立ち上げ当初から新規採用を含めた多数の社員が出向してきたことがあった。そのためクライアントとベンダーという立場の違いは特に意識されることもなく、現場でＫＰＩマネジメントを協力してつくり上げていく中で、時間をかけながらではあるがパートナーシップは自然と育まれていったという。

当時からパフォーマンスをすべて数字で語れたこのクライアントとの共同作業により、ベルシステム24が客観的に数字でパフォーマンスを評価する文化を吸収できたという、うれしい副産物もあった。

そうかと思えば、他の事業会社との関係では、「単なるベンダー」として扱われるところから始まったものもあった。

それまで他のベンダーが30ブースでやっていたところを、15ブースにするようにいわれたり、新たなサービスの立ち上げに伴って、３カ月で１０００ブース増やすように指示されたり。しかも、数カ月後には、それを半分にするように要求されたこともあった。

「いくらなんでも無理ですよね。しかし我々はあらゆる手段を講じて、クライアントの要望に合わせて拡大、収縮を繰り返していきました」

これはベルシステム24の負荷が高くなるだけでなく、クライアントにとってもよくない状態だ。そう考えた事業部長は、クライアントに直言したのだという。

「このようなやり方では品質が保証されず、御社にクレームがついて、評判を落としかねません」

クライアントは、ベンダーがいったい何をいいだすのかと思っただろう。このときは耳を貸してもらえなかったというが、それは、ベンダーから何らかのメリットが得られるなど、思ってもいなかったからに違いない。ベンダーがクライアントの利益を考えてものをいうなど、クライアントの想定の範囲外だったと考えられる。

ベルシステム24はその後も高い難易度の要望に応え続け、カスタマーセンターの立ち上げ時には培ってきたノウハウをつぎ込み、クライアントの社員ができる以上の付加価値を提供しようと努力し続けた。クライアントができないだろうと値踏みしていたことにも、必死で応え続けた。ノウハウやナレッジはクライアントの期待値をなかなか超えられなかったが、数字は少しずつ、確実に向上していった。

また、クライアントがミスをしたとき、電話での謝罪対応もベルシステム24の業務だったが、必要に応じて、カスタマーのところまで行って直接謝罪するようなことまで引き受けた。

無理を無理で終わらせず、現場の改善も続け、さらに、他のベンダーには考えられない対応まで当然のように行うベルシステム24のスタッフたち。相手のメリットを考え、相手になりきって自分を変化させていく姿に接し、クライアントも少しずつ変化し始めた。

「これまでどのベンダーもしてくれなかったことをベルシステム24はしてくれた、期待以上のものを提供してくれたと認めてくださり、徐々に信頼してくださるようになったのです」

冒頭に紹介した営業マンの彼は、「感動してもらうには、期待以上のものを提供しなくては」と語っていた。やはりここでも同じことが起こっていたのだ。期待以上の価値を生み出せたことで、クライアントは、驚き、感動してくださったのだろう。

そして、当初は限定的だった業務範囲も、３〜４年のうちに広げてもらうことができた。ベルシステム24と付き合うことで自分たちにもメリットがあると、クライアントも気づいてきたのだ。信頼して話を聞いてもらえるようになったことで、リロケーションなどの大型の提案もスムーズに受け入れられるようになった。

「リロケーションはクライアントにとっては大きなコストメリットがあります。しかし、クライアントから当社に支払われる総額は下がりますし、新たに人材を採用するなどのコストもかかるため、実は当社には直接的なメリットはないのです。それでもクライアントのメリットを考え、一緒になって実行してきました」

そして、リロケーションして空いたブースを活用した新たな業務を提案し、それを受託するなど、ベルシステム24もクライアントとともに成長していった。

信頼関係が生まれ〝同志〟になった

そのように順調に信頼関係を培っていた矢先、ベルシステム24は大きなミスを起こしてしまった。それは問題となり、事業部長は担当替えを覚悟した。もちろんクライアントは激怒している。

謝罪に訪れた場で、先方の役員は「ベルシステム24を信頼していたのに」となじり、事業部長に担当を外れることを求めた。

事業部長が返事をしようとしたそのとき、クライアント側の本部長が口を開いた。

「彼を外してはいけない。残すべきだ」

この本部長は、サポートデスクの立ち上げやリロケーションなど、さまざまなことにともに取り組み、乗り越えてきた相手だった。彼の高い要望に対し、ベルシステム24は最初から「できません」とはいわず、話を聞いて解決の方法を考えていく会社だと、理解してくれていた。

「当社が自分たちの利益だけを考えず、クライアントのコスト負担を減らす方策も提案しながら、全体としてWin-Winの関係になればよいと考えていることをわかってくださっていたのです」

ゼロから始まった関係だったが、そのような数年間の積み重ねは、相手をも変化させていた。会社同士の信頼関係の深まりは、同時に、人間同士の信頼関係にもつながり、いつのまにか二人は〝同志〟になっていたのだ。

クライアントの本部長の一言から、その場の空気は変わり、事業部長の立場はつながった。

「私はそれ以来、クライアントにもベルシステム24にも利益の出るWin-Winの関係になることを、よりいっそう意識し始めました。それにより、受注量も増えていきました。属人的で先方の社員でもうまく回せないような業務も、当社が受託し、カスタマーとも関係性をつくり上げながら対応しています。おかげで今ではベルなしでは回らないといっていただくまでになりました」

グループの一部の事業会社から始まった関係は、現在はさらに多くの事業会社から業務を受託するまでに拡大している。

それにしても、この強固な関係性は何なのだろうか。この事例では、二人のキーパーソンの会社同士を超えた人間同士の緊密な関係があったからこそ、業務の拡大にもつながっていったようにも聞こえなくもない。しかし、属人的な結びつきが強ければ強いほど、関係性や会社のあり方に変化があったときに、築いてきたものは脆く崩れ去ってしまう可能性もある。

これについて、彼らの下で働くスタッフが、後を受け継ぐ立場としてどう受け止めているのか気になった。率直に聞いてみたところ、スタッフは次のように答えた。

「私や先方の担当者も会議に出ているので、二人の会話がクライアントとベンダーの会話ではなく、ともに考えている会話であることが理解できています。そのような場にいるうちに、スタイルは自然と伝播して身に付くんですね。私とクライアントの担当者が話すときにも、スケールは縮小しますが、必然的に同じような形で話し合えるようになってきています」

二人の緊密な人間関係は、単なる二人だけの関係にとどまってはいなかった。DNAはこのように受け継がれていくのだ。そもそも、これまで見てきたとおり、ベルシステム24という会社自体、この事業部長のような考え方で動いている会社なのだ。より正確にいうと、そのような考え方でクライアントのために動く社員たちが大勢いるのが、ベルシステム24という会社なのである。

長期的な関係性を重視し、Win-Winの関係へ

企業は利益を生み出さなければならない。しかし、利益を出そうとするときには、目先のことにとらわれて短期サイクルで動いてしまいがちなものだ。しかし事業部長は中長期で利益を出していくことを目的に、まずはクライアントの利益を優先し、信頼関係を構築することに重きを置いて行動した。

「クライアントに利益が出れば、当社のビジネスチャンスも増え、最終的にはWin-Winの関係になれるんですよね」

そう笑うように、クライアントの業績の拡大伸長とともにベルシステム24が活躍する場は増え、固いパートナーシップのもと、文字どおり、ともに成長し合う関係性を築くことができている。

現在、他のクライアントからの受託業務の中には、利益の薄さに苦労している業務もあるという。しかし、事業部長は考える。クライアントは今その仕事で困っているのだから、そこでまず努力をしてあげればよい、と。

「クライアントのやり方の中には、サービスの向上につながらない、適切とはいい切れない方法もあります。それに対しては課題を分析し、何らかの施策をとり、ともに改善して提案し、一緒になって改善していけばよいのです。サービスの品質が上がれば、クライアントの利益につながるはずですから」

実は、そのクライアントは規模のとても大きな企業だ。事業部長は、現在の小さい仕事の先に、大きな果実がなる可能性を見据えている。クライアントにとって多少耳の痛い話であっても、よかれと思えば話し、長期的にあるべき方向を実現していくことで相手が利益を出せるようにする。自分たちの利益は、その結果、生まれてくるということだ。

自社の利益を前提としているとはいえ、長期的な視点になればなるほど、確実に利益が出るかは予想がつきにくくなる。それでも、そこまで相手の利益を優先できるのはどうしてなのだろうか。

「大きいのは、これまでに世の中になかった事業の黎明期のコールセンターを、クライアントと一緒になって立ち上げた経験だと思います。一緒にやったことで彼らの苦労も知り、その苦労に報いたいという気持ちも生まれました。また、彼らには、これが日本を支える新しい産業となるのだという自負もあり、その志を抱いた姿を見ているうちに、自社の利益だけを考えることは、かえって自社に不利になるのではないかと思うようにもなったのです」

もう一つ、より現実的な理由もあった。ある有料放送局のコールセンターの場合、クライアントからの全面的な信頼を得て、センターの予算づくりにまでベルシステム24が携わっている。

「次年度について、受電量、営業見込み、解約や変更件数などについて分析・予測を行い、予算をはじき出すだけではなく、役員会にも我々が出席して説明をし、予算を決めていただいているのです」

そのような予算会議で、ベンダーが自分たちの利益だけを考えてつくった予算案を提出したら、どうなるだろうか。会社としての姿勢を疑われるだろうし、当然、クライアント自身に不利なそんな予算はつかないだろう。

だから、自社の利益については欲張って考えない。むしろ、信頼に応えながら、付き合いを長く太いものへと発展させ、お互いに欠かせないパートナー同士として長期的に成長し合っていくことをメインに考える。信頼され続け、長くパートナーとして認めてもらい続けるためには、それが何より大切なことなのである。

クライアントのオンリーワンになることを目指して

最後の事例は、あくまでコールセンター業務の範囲の事例ではある。しかし、一般的に広く習慣的になされていることを「既成のルール」といってよければ、「ベンダーはクライアントの指示に従っていればよい」という考え方は、十分に「既成のルール」ということができるだろう。

とすれば、粛々とクライアントの高く厳しい要望に応えていきながらも、クライアントに対して諫言ともいえるアドバイスをし、その結果として相手にメリットをもたらそうという姿勢は、やはり、既成のルールの外に踏み出しているといってもよいのではないだろうか。

「提言した結果、うるさがられて切られたらしかたありません」

事業部長はそうもいった。

関係を切られるリスクがあることも承知の上で、お互いがよりよい方向に向かっていくために、なお一歩相手に踏み込む。経験と判断力、そして何より勇気がなければできないことだ。

冒頭に紹介した若手営業マンは「便利で快適な仕組みを提供できれば、クライアントはベルシステム24から離れられなくなります」と語った。

スーパーバイザーの女性は「『この役割で、この仕事をして』といわれ、『はい、わかりました』と受ける会社はたくさんあります。でも、『この成果を出せたから、またベルシステム24にお願いしたい』といわれたい。そういうオンリーワンを目指そうとしなければ、仕事は広がっていきません」といった。

そして最後の事例の事業部長も「他のベンダーにできなかった業務をこなし続け、『うちは発注なしでいいです。そのかわり、積み上げたナレッジはうちでも使わせてください』など、他のベンダーがいわないことをいってきたことで、時間をかけて、よい関係がつくれたのだと思います」と振り返った。

若手スタッフの小さな試みから、事業部長の統括する長く大きな取り組みまで、規模やレベルは異なるが、それぞれに共通する要素が浮かび上がってきた。

クライアントになりきるために自分を変え、クライアントのメリットのために既存のルールも変える。自らや周囲の環境を恐れずに変化させ続けながら、勇気をもって現状から一歩踏み出す。

ベルシステム24がクライアントのかけがえのないパートナーとなっていくとき、そこにあるのは、スタッフたちのそういった姿勢だった。それによりクライアントに価値を認めてもらえ、結果として、クライアントにとってのオンリーワンとなっていく。

これからもベルシステム24がオンリーワンの価値を生み出し続けていく限り、クライアントとともに成長していけるパートナーシップも、築かれ続けていくのだろう。

第5章

もはや〝コール〟センターではない

～自己増殖する受託領域～

――電話以外の領域でも、自分たちが貢献できるところは受託すればよい、そのような発想がベルの中に根付いたということ――

（181頁）

パートナーとしてのあり方も一様ではない

前章ではベルシステム24が顧客とどう付き合い、どのように「パートナー」と呼ばれるようになっていったかを追ったが、その取材中、ぜひ行ってみるとよいと勧められたセンターがある。「顧客のパートナーとなり、ともに成長する」というあり方も決して一様ではない、ベルシステム24の幅広さを体感してほしい、という理由だった。

ベルシステム24の〝現場〟といえば、基本的にコールセンターだ。だからセンターといわれれば、まずは多くのオペレーターがパソコン画面に向かい、ヘッドセットを装着して電話をとり続ける姿を思い浮かべる。今回の取材に向かうときも、私たち取材チームは無意識にそのような現場を想像していた。

しかし、そのセンターに足を踏み入れたとき、抱いていたイメージは見事に覆された。そこには電話をしている人もいたことはいたが、パソコンで原稿を書いている人もいたし、テーブルで打ち合わせをする人、それに業務で外出していて不在の人までいたのだ。電話の音と電話を受ける声だけが響くコールセンターとは、まったく別の空間だった。いわばそこは、コンテンツ制作会社のオフィスそのものだったのである。

戸惑う私たちに、センターのスタッフはいった。

「ベルシステム24がコールセンターの会社なのはもちろんなのですが、実態は決して〝電話だけの会社〟ではないのです」

前章でも情報サイトの制作業務を受託した事例を紹介したが、ベルシステム24の全国の拠点では、そのように電話対応以外にもさまざまな内容の業務を受託し、多様な方法でクライアントに貢献しているのだという。

今回訪ねたセンターでも、クライアントの事業——ある分野の店舗情報を集約し、カスタマーに届けるB to B to Cの情報提供ビジネス——に対して、新規営業から、媒体掲載用の写真の撮影や原稿の制作、お問い合わせへの電話・メール・チャット対応に至るまで、〝ベルシステム24ができることのすべて〟を行っていた。業務で外出中というのはつまり、営業のために外回りをしていたわけである。

聞けば、このセンターが所属するベルシステム24の事業部は、そのクライアント一社（一企業グループ）の事業だけを担当している。もともとは普通にコールセンター業務を受託していたが、そこからバリューチェーンをじわじわと遡るようにして、電話以外の領域にまで拡張し、数年間かけて少しずつクライアントとのパイプを太くしていったのだという。その結果、現在は、新規事業の立ち上げにあたっての業務プロセスの設計まで相談されるようになっている。それだけではなく、新たな店舗に対して新規営業を行う部隊まで立ち上げ、クライアントの売上拡大にも貢献しているというのである。

つまりベルシステム24は、このクライアントの業務プロセスを「点」ではなく「線」で受託し、一気通貫でクライアントとカスタマーに価値を提供しているということだ。そのようにあらゆる事業、あらゆる局面でクライアントに伴走しているベルシステム24は、クライアントからは、事業をともに推進していくかけがえのないパートナーだと認められ、現在もともに成長を続けている。一つの企業グループとのこれほど広く、かつ深い関係は、膨大な数の企業と付き合いのあるベルの中でも稀有なものだという。

前章では、クライアントとともに成長していくベルシステム24の姿をスタッフの行動とマインドの面から追い、そのもつ価値がどのようなものかを探ってみた。それに対して本章では、一つの企業グループに対してそこまで受託領域を広げることができたのはなぜか、そこまで関係を深くするためにはどのようなことをしてきたのか、この稀有な関係性を構築できた理由と手法に焦点を当てて見ていきたい。それによって、ベルシステム24のまた新たな真価が見出せるのではないかと考えている。

受託領域を「点」から「線」につなげるために

企業の事業活動には、製品やサービスが企画立案されてから実際にカスタマーに届くまでの間に、さまざまな段階がある。製造業であれば原材料の調達から、製造、流通、販売、アフターサービスといった一連の活動があるし、サービス業でも、サービス内容の設計、制作、提供の仕組みづくり、提供、アフターサービスなどがあるだろう。

企業の事業活動をそのような機能ごとに分けて考えることを「バリューチェーン」というが、クライアントとカスタマーとの接点にあたるコールセンターというのは、そのバリューチェーン＝〝価値の連鎖〟の最も下流に位置する業務である。なお、経営戦略用語として「バリューチェーン」を語るとき、価値をスタートするチェーンの起点を「上流」、価値を顧客に届ける終点を「下流」と表現しており、本章でもそれに倣うが、この「上・下」にはそれ以上の意味を込めていないことを、念のため付しておく。

第1章「あくなき改善の原動力」や第3章「日本のコールセンターはグローバル化できるか⁉」でも紹介したように、最近では日本でもこの〝最も下流〟の領域についても品質が問われるようになってきた。しかし、これまでは「コールセンターはどのベンダーがやってもそう変わらない」と思われることが多く、アウトソーサーにとっては単純な価格競争に陥ってしまうリスクと常に隣り合わせだったといえる。

ベルシステム24のようなコールセンターアウトソーシング事業者がこのような状況で事業の拡大を目指すとき、考えられることはいくつかある。たとえば、同じ顧客から同じ業務の受託量を増やすこと、同じ顧客からの受託機会を広げること、新規顧客を開拓すること、そして、他の領域にまで受託範囲を広げること。

このクライアントの事業を統括する事業部長はいう。

「当社は長年、電話対応から受託領域を広げたいと切望していました。その願いとクライアントの要望がうまく嚙み合わさったのが、この企業グループからの受託業務といえると思います」

もちろん、先述したように、最初はコールセンター業務を受託していたにすぎなかった。それがこの4～5年で、受託領域を大幅に広げることができ、実績も倍増している。この数年間に、いったい何が起こったというのだろうか。

どのようなことにも最初の一歩というものがある。最初にコールセンターから一歩を踏み出したスタッフには、そのとき、どのようなモチベーションがあったのだろうか。まさに第一歩を踏み出したとき以来センター長を務めているスタッフに聞いてみた。

「私たちはそれまで、コールセンターという元来の領域内で改善を繰り返し、応答率や顧客満足度の向上に取り組み、応対品質を高めることに愚直に取り組んでいました。しかし、このクライアントが熱望していたのは、実はそこではありませんでした。応対品質の向上は当然のことであり、事業成長つまり売上が上がることを重視していたのです」

それはクライアントからもはっきり伝えられたという。

「我々は売上を上げるためにアウトソースしている。そこをもっと支援し、直接売上アップにかかわってほしい」

打合せや報告会のたびに、クライアントは「応対品質以上に売上のアップ」という明快な方針を提示してくる。しかし、売上を上げるための施策など、現場のスタッフはこれまで考えたことがない。改善のアイデアならいくらでも出てくるが、使う筋肉がそれとは異なるため、売上アップのアイデアはなかなか出てこなかった。

それでも、クライアントからの要望には何とかして応えたい。ベルシステム24のスタッフは、自分たちがどのようにすれば売上貢献できるのかを考え続けた。

特に必死だったのは、クライアントと接する機会の多い営業マンだ。

「しばらくクライアントが新しいサービスを立ち上げる気配はない。ということは、このまま待っていても我々の貢献度が上がる要素はないということだ。通常の電話ビジネスだけをしていても何も変わらない。我々から何か仕掛けていくべきなのだ……」

ちょうどこのころ、日本全体が根底から揺さぶられるような大災害が発生した。東日本大震災が日本を襲ったのだ。製紙工場や印刷所も被災し、印刷・出版業界も大きな打撃を受けた。印刷しようにも紙の供給は足りないし、計画停電によって印刷所の稼働時間も十分に確保できず、なかなか通常の印刷・配本体制に戻ることができなかった。

それまで主に印刷媒体で情報流通を行っていたクライアントは、この状況に直面してビジネスモデルを変えること――印刷物ではなく、ネットビジネスに大きく舵を切っていくこと――を検討し始めた。

営業マンは確信した。

「我々も方向性を変えるときだ。これはきっと、ベルがさらに貢献する大きなチャンスになる」

クライアントの営業変革のタイミングを、彼は、自社にとっても重要なターニングポイントであると捉えた。

そして、通常はクライアントにとってコストセンターだと認識されているコールセンターを、この変化を利用して売上につなげていく、つまりプロフィットセンターに変えるにはどうすればよいだろうかと考え始めた。

最初に取り組んだのは、クライアントのビジネスの業務プロセス全体を把握することだったという。営業マン、企画担当者、電話を受けるオペレーターまでが集まり、バリューチェーン全体ではどのような仕事があるのか、クライアントの業務プロセスを一段階ずつ詳細に分解していった。

「すると、我々が受託しているのは全体のプロセスのごく一部、しかも途切れ途切れでしかないということや、ある事業については意外と幅広いプロセスを受託していることなどが、はっきり見えてきました。全体を把握できてからは、その業務は他の領域でも応用できるのではないかとか、この工程はアウトソースしてもらった方がクライアントも効率化できるのではないかとか、次々とアイデアが出てきました」

業務プロセス分析とディスカッションを通して、点でしかなかった受託業務が、線になる可能性が見えてきた。これは、ビジネス上の大発見だった。

一度考え方のコツがわかってしまえば、カスタマーと直接コミュニケーションする機会の多いオペレーターからも、「この業務とあの業務はつなげられるのでは」「この部分の業務は自分たちでもできるかもしれない」など、堰を切ったように新しい発想の提案が湧き出してきた。

受託している範囲が広い業務から、それぞれの点をつなげるような形の提案をしてみよう。そう方針が定まった。

価値の大転換への挑戦――コストセンターからプロフィットセンターへ

最初にクライアントに提案したことは、営業支援だ。営業活動そのものを受託するという一歩踏み込んだ着眼である。

「全国的に見ると、クライアントの支店数より当社の拠点数の方が多いわけですね。全国に散らばっている実動部隊が多い分、クライアントよりも営業に動きやすいのではないかと考え、拠点網を活用した営業支援を着想したのです」

クライアントは「確かに、営業を面的に拡張すると、売上は上がりますね」とストレートに喜び、提案を受け入れてくれ、ベルシステム24は一段階、受託範囲を広げることができた。そして、クライアントがアポイントメントをとったカスタマーを訪問して広告の打合せをしたり、写真撮影をしたり、定期的に電話をして契約後のフォローをしたり、オプションサービスの提案をしたりといった営業支援業務がスタートした。

もう一つ、制作支援も提案した。前章で紹介した事例と同じように、このクライアントもカスタマーである店舗向けの印刷媒体コンテンツ用の原稿制作を営業担当者自身が行っており、営業担当者に相応の負荷がかかっていると推測されたためだ。

「その工程をお手伝いさせていただくことで、クライアントにも当社にもメリットが出ると思われたのです」

原稿制作といっても、雑誌記者が何かを取材してゼロから文章を組み立てるのとは異なり、情報提供媒体の場合はフォーマットが決まっているから、カスタマーであるお店の店長たちから電話で必要な項目を聞き取りながら、そのフォーマットを埋めていけばよい。そうしてつくった原稿に店舗の写真なども添え、クライアントの制作統括部門へ入稿する。そのような一連の業務も受託することができた。

制作支援もそのセンターでは初めて経験する業務だったが、スタートして間もなく、大きな問題もなく現場は回り始めた。現場が少し落ち着いてくると、ベルシステム24のスタッフたちの血は騒いでくる。回り始めた業務を〝改善〟したくてうずうずしてくるのだ。ここでも、クライアントにもっと何か貢献できないか、そして、自分たちのビジネスをもっと広げられないかと考え始めたという。

そこで思いついたのが、コストセンターをプロフィットセンターに転換できないだろうか、という抜本的な大転換だ。

「営業部隊を新設することで売上アップという目標に貢献することは、そう難しいことではありませんでした。それに対して、コストセンターである制作部隊をプロフィットセンターに転換することは、それほど簡単にはいかないでしょう。でも我々は、制作部隊でもクライアントの売上に貢献できる方法を探し始めたのです」

制作担当オペレーターの対話の相手は一般ユーザーではなく、クライアントと契約しているお店の店長、つまり決裁権のある立場の人物である。そこが突破口になるのではないか――。

すると、制作担当のオペレーターから提案があった。

「媒体にカスタマー（店舗）の情報を掲載した数日後に、制作部隊が当該カスタマーに再度電話をして効果測定を行ってはどうでしょうか。期待したような効果が上がらなかったというお店には、『では、もう一度出稿しませんか』とご案内できると思います」

顧客との接点の近さを生かした、逆転の発想だった。この提案にクライアントは喜び、さっそく制作担当オペレーターによる効果測定と営業をセットにして行う体制が組み上げられた。これにより、制作部隊は単なるコストセンターから脱却し、月額数百万円を売り上げるプロフィットセンターへと見事な転身を果たすことになった。

そのように、少しずつベルシステム24が受託領域を広げていき始めたころ、クライアントの事業も大きな転換期を迎えていた。かねてから検討されていた印刷物からWEBサイトへの切り替えが、いよいよ実行されることになったのだ。

駅などに置かれる無料の紙媒体は、その地域の人でないと手に取る機会はなく、掲載できるのは地域内のお店の情報に限定されていた。しかし、WEB化されればそのような物理的な制限から解放され、掲載対象は一気に全国に広がっていく。大げさにいえば、ターゲット数が無限になったも同然である。

クライアントはいった。

「うちの営業が行けない場所でも、電話営業によって新規顧客が開拓できるようになる。ベルさん、もしかしてできるんじゃない？」

クライアントのサービスモデルが変化するタイミングは、業務領域を広げるチャンスである。ベルシステム24はこのチャンスを逃すことなく、しっかりと食らいついた。

それにより、ＷＥＢ媒体とシンクロした新規顧客営業という新たな業務を獲得することができたのだ。より正確にいうと、電話でお店にアポイントメントをとった後、実際にお店を訪問して話を聞き、広告出稿の提案をし、受注後は写真も撮影し、原稿をつくって入稿まで行うという、一連の業務を一気通貫で受託できたのである。

これはクライアントにとってもメリットのある話だった、と事業部長はいう。

「うまくいくかどうかわからない新たな領域の事業に対して、最初から自社の社員を張るのは効率がよくありません。この方式で当社のスタッフを柔軟に活用すれば、新規事業の立ち上げにかかる時間を最短化、かつコストを変動費化することもできるわけです」

新規事業の立ち上げにあたり、試行期間にはベルシステム24に動いてもらって仮説検証をする――。このモデルはクライアント内にじわじわと広まり、新しいことを試みるときは「まずベルに声をかけてみるか」と、当たり前のように思われるようになったという。

元事業部長もいう。

「今ではよく知られているサービスの立ち上げにも、ずいぶんかかわりました。一方で、『試行してみたが、これはすぐに軌道修正』というような、日の目を見なかった事業もたくさんあります。でも我々はその間に提供したマンパワーに対して時間単位で対価をいただくことができます。もしそのマンパワーをクライアントの社員で負担すれば、それは固定費になりますが、我々が提供すればクライアントにとって最適な変動費になるのです」

その一方で、試行して「いける！」となったら、そのサービスは全国展開される。そうなると今度は、フィールド営業からバックオフィス業務、コールセンター業務まで、ベルシステム24の出番はますます増えていく。

「我々はビジネスプロセスの入口に立たせてもらっているので、その後のプロセス全体にわたって仕事をいただくチャンスがあります。我々は追走するのではなく、クライアントやりたいことに懸命に伴走していくのです」

クライアントに伴走し、うまく〝使われる〟

とはいえ、もとはコールセンターを運営していたスタッフたちである。営業チームをつくってみても、すぐに優秀な営業マンになれるものではないだろう。

「それはそのとおりです。どのようにクライアントに価値提供すればよいか、どのように競合と差別化すればよいのかなど、効果的な営業方法がわからず、当初は苦戦が続きました」

それを乗り越えるために元事業部長らが採用したのは、新たに営業部隊のためのKPIをつくって管理するという手法である。ベルシステム24とクライアントは、商談率の目標数値を設定するなど、協力しながら業務プロセスの標準化を進めていった。また、契約見込みの高いカスタマーにはリーダーが同行するというように、見込みを確実に受注につなげていくための仕組みづくりにも取り組んだ。

「もう一つ、マインドセットも重要でした。それまでは営業するにあたっても、自分たちが行っている目の前の仕事ベースで考えることが多く、クライアントが展開するビジネス全体の目的や背景、社会にどう役立つのかなど高い視座で考える機会がなかったのです。しかし、もっと俯瞰してその業務を見ることを意識し、前後のプロセスの理解や、その事業の本来の目的の理解を進めていくことにより、スタッフのマインドが変わるよう工夫していきました」

行動指標ができ、スタッフのマインドセットもできれば、あとは得意の改善をしていけばよい。改善と経験値の積み重ねによって、徐々に受注件数や受注額を高めていき、現在はかなり順調に回るようになっているという。

こうしてクライアントの業務プロセスの多くをカバーして動くようになると、業務プロセスについて新たな気づきも出てくる。

「この営業担当者の行動プロセスには、切り出してアウトソーシングした方が効率化できる領域がある。もしかしたら、ここも受託できるのではないだろうか」

それはベルシステム24のためだけではなく、クライアントのメリットにもなることなので、遠慮する必要はない。クライアントにすぐ、「ベルならこうできます」と提案するようになった。電話以外の領域でも、自分たちが貢献できるところは受託すればよい、そのような発想がベルの中に根付いたということだろう。

一方のクライアントも、もはや電話以外の領域をベルに委託することに躊躇はなくなっている。そうした方が売上が上がること、効率化が図れることに関しては次々とアウトソーシングを進め、両社のパイプはどんどん太くなっていった。

そこまで広範にベルシステム24が業務を引き受けているとなると、クライアント自

身がしている業務は何なのかが気になってくる。事業部長に聞いてみると、

「ここまで来ると、クライアントは事業立案に集中特化、といっても過言ではありません」

と、ある意味で衝撃的ともいえる答えが返ってきた。

「客単価アップをするためのオプションメニューの作成や、サイトリニューアル、新規顧客獲得のためのキャンペーンなどの戦略もクライアントが考えますが、それら以外の実動部分は多くの領域で委託していただいていますね」

おそらくクライアントが理想としているのは、事業立案プラスアルファの最重要領域だけに自社のリソースを集中させた状態なのだろう。だから、それ以外の固定費はできるだけ変動費化し、かつ低く抑えたいと考えるわけだ。

その一方で、労働集約型のサービス提供を行ってきたベルシステム24は、大量の人材の採用やマネジメントに強みがあり、クライアントが外に出したい業務を引き受け、彼らの実動部隊となって動くことができる。両社はいわば、理想的な組み合わせ、最高の役割分担だった。

しかもクライアントには、アウトソーサーを〝業者〟としてではなく〝パートナ

ー〟と見る社風があり、いつでも垣根なく接してくれるという。事業のキックオフの際にも「皆さんで来てください」と声がかかるし、一生懸命取り組んで成果を出せば、自社の社員同様に表彰を受けることも頻繁にある。

「そうすると我々としても、クライアントのために頑張ろうという気になります。クライアントに認められているかどうかはスタッフのパフォーマンスに大きく影響するので、その意味でも、クライアントは我々を上手に使ってくださっていると感じています」

それを受けて、元事業部長もうれしそうにいう。

「クライアントの組織図に、当社の社員名が入っている事業もあるくらいなんです」

まさにそれは、事業に欠かせないパートナーであると、本当に認められている証拠といえるだろう。

クライアントの業務プロセスを俯瞰することで、自分たちが貢献できる領域を見出し、新しい提案をし、伴走し、上手に気持ちよく使われて、本来の強みを生かしながら成果を出す――。おそらくこの一連の動きが、このクライアントから受託しているどの領域でも、滞ることなく流れているのだろうと思われた。

どの段階でも、クライアントに貢献できる

最初の一歩から約5年が過ぎた現在、このクライアントから受託する業務領域は〝事業戦略立案以外のほぼ全域〟にまで拡大している。

これまでは、クライアントのバリューチェーンを上流に遡りながら段階的に受託領域を広げては、それぞれの段階で価値を生んできたプロセスを中心に聞いてきた。そのようにして受託してきた業務は、現在進めているものだけでも相当なバリエーションになるというが、ここからは少し切り口を変え、ここまで大きくなった受託業務全体はどのようにマネジメントされているのかを聞いていきたい。

マネジメントについて聞きたいと伝えたとき、事業部長が挙げたポイントは「それぞれの受託業務ごとにフェーズが違うこと」だった。

事業というのはどんなものでも、「導入期」「成長期」「成熟期」「衰退期」という段階を追って推移していく。フェーズが違うというのは要するに、同時並行でお預かり

している複数業務の中には、導入期の業務もあれば、伸びていく盛りの業務も、成熟して安定している業務も、そろそろ衣替えを視野に入れ始めてきた業務もある、ということだ。

「各業務の現在のフェーズを見ながら、体制づくりや人員配置の変更等も含め、ここはもっと突っ込もう、これは少し絞ろうなどと判断していく。それが現在の私のメインの仕事といえます」

具体的に、各段階におけるベルシステム24のかかわり方を見ていこう。たとえば、新規事業を立ち上げるためにフィジビリティスタディ（事業計画を実行するかを判断するための調査計画）を行うときは、委託という形をとるほどまでには計画が煮詰まっていないので、人員を派遣してクライアントともに事業設計していく。

その計画にゴーサインが出て、全国展開して爆発的に成長していく段階に入ると、順次、派遣から委託へと切り替えていく。そして、それが大きく成長して安定期に入ってくると、完全委託となり、標準化や生産性向上に取り組むべき段階が訪れる。

しかし、どんな事業でもいずれは衰退する。ピークを過ぎた事業に対しては、クライアントからもコストダウンや効率化の要望が出されてくる。このようなときベルシステム24では、人件費も賃料も安い地方へのリロケーションを提案する。しかし、リロケーションしても事業がなくならない以上はサポート業務が必要であるため、リロケーション先でも諸々の業務の受託は続いていく。

「どの段階においても、クライアントに我々が提供できるメリットはあると考えています。当社の立場からいうと、どこのフェーズでもカードを出せますし、それぞれのフェーズごとに採算をとることが可能です。事業部長の最大の仕事は、その事業や業務がどの段階にあるかを見極め、『そろそろこの段階なので、こうしませんか』と提案することなのです」

事業部長は、常に人とスペースのリソースを適切にマネージすることで、個々の業務プロセスだけでなく、全体の業務を滞らせることなく回し続け、両社をともに成長に導いていたのである。

脈々と流れる他者貢献のＤＮＡ

クライアントは事業を立案し、ベルシステム24で受託業務全体を統括する立場の事業部長は人とスペースのマネジメントを行い、センターのスタッフはクライアントの業務プロセスのほとんどすべての実動部分を担う。このような役割分担で事業が動いていることがわかった。世の中には数多くのアウトソーサーが存在するが、ベルシステム24ほど受託する事業領域が幅広い企業もまずないだろう。

それにしてもクライアントは、なぜベルシステム24にそこまでの多様な領域を委託しようと考えるのだろう。もちろん、「売上を上げたい」などの要望に応えてくれるから、という理由はあるにしても、ＢＰＯ（Business Process Outsourcing）事業者はほかにいくらでも存在する。クライアントは一体、ベルシステム24にどのような価値を見出したのだろうか。

それを考えるため、「ベルが他のアウトソーサーと異なる点はどこだと思うか」と尋ねてみた。事業部長は、少し考えてから口を開いた。

「クライアントに思い入れをもっていること、でしょうか」

たとえば、アウトソーシングされることの多い業務にデータ入力があるが、データ入力を請け負っている人が発注者に思い入れをもってキーボードを打っているかというと、おそらく、そのようなことはないだろう。

「しかし、ベルシステム24のスタッフなら、データを入力するときにも、電話の応対をするときでも、クライアントやカスタマーの顔が思い浮かんでいるはずです。本気で〝お客様のために〟と思って仕事をしています。そのような他者貢献の意識が、ベルには脈々と流れている。そこが大きな違いではないかと思います」

そのような他者貢献のＤＮＡは、一般的なベルシステム24のセンターでは生産性向上などの改善活動として表れる。このクライアントに対しては、それが事業貢献にまで至っているが、これもつまり、他者貢献のＤＮＡを発露させようとしたときに、従来とは異なる道筋があることに気づいてしまっただけ、ということだ。アウトソーサーと一口にいっても、クライアントの立場に立って考え、ある意味でクライアントになりきって業務を担うことができ、クライアントやカスタマーに喜んでいただけることを素直に喜べる、そのような会社はそれほどないということだろう。

現在、センター長を務めるスタッフの発言も、その仮説を裏付ける。着任してからの2年間、彼自身も受託領域の拡大に取り組んできたわけだが、ある事業の受託領域の拡大を提案した具体的な理由を尋ねたところ、「もちろん第一は、売上や利益を増やしたいからですが」と前置きした後で、次のように答えたのだ。

「業務プロセス全体を見たときに、あるプロセスだけを他社が担っていたことで、業務が縦割りになってしまい、スタッフがやりにくそうにしていたんです。しかもそのために、カスタマーにとってもベストな状態になっていないという実感がありました。そのようなデメリットを解消し、全セクションの全スタッフが同じベクトルを向いて、カスタマーのために仕事がしたいと思いました」

カスタマーにとってよいことは、ひいてはクライアントにとってもメリットがあるはずだ。センター長が一気通貫での受託を提案した背後には、そのような確信があったという。

事業部長も、それを聞いて頷いた。

「我々はクライアントに貢献することを真剣に考えるからこそ、単なる御用聞きでは終わりません。クライアントのいったやり方ではうまくいかないと感じれば、我々の強みを生かせる方法に組み替え、『こういうやり方でどうでしょうか』と提案していくのです」

成果を出せる方法を考え、強みを生かす形で改善施策を提案する。それによりベルシステム24の強みはより強化されていくし、双方の事業の成長にもつながっていく。

ここでも思いがけず、「クライアントになりきる」「改善のDNA」「他者貢献」など、これまでみてきたことと同じような結論に至ってしまった。要するに、やはりそれらがベルシステム24のもつ本質的な力であり、本質的な価値である、ということなのだろう。そして、クライアントが価値を感じているのも、おそらくベルのそのような部分ではないかと思われる。

何でもできる、でも〝何でも屋〟ではない

ところで、バリューチェーンの最下流から、クライアントの業務プロセスを少しずつ遡っていき、結果として広範囲のプロセスを一気通貫で受託するというビジネスモデルの〝発明〟は、3000社以上のクライアントをもつベルシステム24にとって、宝の山を見つけたようなものといえるのではないだろうか。

どのような会社でも、コールセンター以外にも、何らかの業務を外部委託しているはずだ。ベルシステム24の強みを応用しつつ、〝電話だけではない会社〟〝クライアントの業務に合わせて変わっていける会社〟という実績を示していくことで、今後、い

くらでも仕事を提案していけると考えられる。ポテンシャルのあまりの大きさに、思わず息をのむほどだ。

もちろん、そう簡単には進まないかもしれない。この章で紹介したクライアントの場合、きわだってオープンでチャレンジングな社風をもち、かつ、「応対品質以上に売上のアップ」と判断軸が明確であったことが、強いパートナーシップを築き上げられた理由であることは明らかだからだ。

元事業部長はこのクライアントについて、「単なる指示待ちは好まず、どうしたら実現できるかをともに議論していくスタイルをもつ、独特の個性のある会社」だと述懐する。クライアント側に「アウトソーサーには、自分たちと伴走してくれるパートナーになってもらいたい」という希望があり、かつ、ベルシステム24のスタッフも、そのスタイルに飛び込んでいくことを恐れなかったからこそ、この事業は成功したといえるのだ。企業体質やマインドはクライアントによってそれぞれだから、単純にこのモデルを当てはめても、うまくいくとは限らないだろう。

しかし、難しいからと何もしないのでは、さらに先へと歩を進めることはできない。「どうしたら実現できるかを考える」のは、ベルシステム24の得意なことであるはずだ。

実は、このクライアントから業務を受託するとき、ベルシステム24では個々の受託業務の標準化・可視化を中心に行ってきたという。ある目標を掲げ、それを実行するためにさまざまな仕掛けをつくったら、それをきちんと遂行できているかを評価していく。うまくいかなければ課題を考え、改善してＰＤＣＡサイクルを回しながら、最後までやりきっていく。一定の研修を経れば誰でも業務を遂行できるようにするという、コールセンター運営で培った発想だ。

「そうすることで再現性を高め、たとえ担当者が変わった場合でも、同様の成果を出していけるようにしているのです」

ということは、今後、標準化・可視化のナレッジやノウハウを積み重ねていくことで、「バリューチェーンを遡って、事業プロセス全体を受託していく」というこのビジネスモデルを他のクライアントにも展開していける可能性は、やはり大いにあるということではないだろうか。おそらく当然、ベルシステム24はそういった可能性を見据えているだろう。

ただし――と、事業部長は続けた。

「できることは何でも受託するからといって、ベルシステム24が〝何でも屋〟であるわけではありません」

そう、何でもできる会社がベルシステム24なのではなく、クライアントが事業効率を高めたいと考えている領域、固定費の変動費化をしたい領域、たくさんの人を集める必要がある領域――そういったところで強みを発揮できるのが、ベルシステム24なのである。そのような領域を受託し、何かと何かをかけ合わせることによってクライアントに貢献する仕組みをつくる。そういうことが実現できてこそ、クライアントとベルシステム24は、ともに成長していけるパートナーとなることができるのだろう。

ビジネスの効率化が求められる市場環境の中で、アウトソーシングの需要はますます高まっている。そのような中でベルシステム24は、ここ数年で、アウトソーサーとしての可能性を大きく広げることができた。何でも屋としてではなく、人を集め、教育して、確実に動かしていくプロフェッショナルとして、今後、さらに大きく羽ばたいていく準備が整ったといえるだろう。

第6章

品質と生産性を高次元で相乗させる

～あるべき姿を求めて～

——収益を上げるためには、当該業務にかかわる全メンバーが「これをやる」と決めた合意形成がいかに大切かに着目した——

（214頁）

サービス業で品質と生産性は両立するのか

ビジネスの世界における「生産性の向上」と「品質の向上」。この二つはともするとトレードオフの関係になりがちだ。生産性を上げようと一つのものに手をかける時間を少なくすれば、結果、でき上がったもの自体の品質は落ちてしまう。逆に一つのものに手間暇をかければ、ものの質は上がるが、できあがる数は少なくなる。あちら立てばこちら立たずに陥りやすい。どんな業種業界でも必ず突き当たる壁だ。

この一見相反する二つの概念を両立しなくては、熾烈なビジネスの戦いに打ち勝つことはできない。特に日本においては、製造業の分野において、両立が難しいと思われていた生産性と品質を高次元で相乗させてきた。そのおかげで、不動の品質管理を誇りながら世界と渡り合い、そして凌駕し、消費者を感動させる製品を生み出してきた。

典型的な例として、トヨタ自動車が生み出した生産方式が挙げられる。これは「お客様にご注文いただいたクルマを、より早くお届けするために、最も短い時間で効率的に造る」ことを目的とした方法論だ。ムダを徹底的に排除し、つくり方の合理性を追い求め、システム化する。その結果、「確かな品質」で手際よく「タイムリー」に造ることができるようになった。こういった品質改善活動を一つの会社の中の理想的な形態にまで高めたことによって、日本の製造業は第二次世界大戦後、圧倒的な力をつけた。

一方、サービス業においては、小売業やホテルビジネスで、接客を徹底的に効率化しながらも顧客の満足度を高め、リピーターを増やすといった工夫を行うなど、いくつかの成功例はある。だが、やはり一般的には製造業ほど「生産性と品質を高次元で両立させる」という事例は多くはない。サービス業でこの両立が難しい理由として、「需要と供給が同時に発生する」「人のパフォーマンスに負う」という性質をもっているからではないかと考える。

「需要と供給が同時に発生する」という特質に真摯に向き合った事例として、たとえばホテルビジネスで有名な星野リゾートでは、スカンジナビア航空の社長であったヤン・カールソンが唱えていた「スタッフがお客様と接するわずかな時間」つまり

「真実の瞬間」に注目している。お客様は短い「真実の瞬間」の中で企業を評価するもの。そのため、現場スタッフがとっさに判断する質を高めて、対応力を上げなければ、お客様の評価が落ちて将来性がなくなってしまう。そう考え、スタッフが自分で考えて動く体制づくりを構築。判断根拠となるさまざまな経営情報をスタッフに公開するなどして、「真実の瞬間」の対応力を上げていったという。受給同時発生の「瞬間」に勝負をかけ成果を上げるのは、容易なことではないだろう。

製造業は機械が滞りなく動くことによって稼働率が上がれば、基本的に生産数は多くなるものだ。だがサービス業の場合は、新たな需要が発生すれば、新しい人材を投入しなければならない。機械は技術開発によってどんどん生産性を上げる可能性はあるが、一人の人間が手がけられる範囲はたとえ熟達したとて劇的に変わるものではない。

さらに、サービス業はきわめてエモーショナルなビジネスである。供給側も「人」、需要側も「人」。その分、人の「生の感情」というものに向き合わなければならない。いわゆるEmotional Labor（感情労働）である。Emotional Laborは、お客様の感情に寄り添いながらも、時には引きずられないように自分のメンタルをコントロールしたり、ストレスに対応する必要がある。こうしたビジネスをマネージするためには、いかに現場で働く人の感情に入り込んでいくかが鍵となる。ただし人間の感情は常に変化していくものであり、どんなに神経を配っても、他人の心の機微を完全に理解することは不可能だろう。だからこそ、「これが正しい」といった一つの正解に集約されることのない仕事だといえる。

さて、コールセンタービジネス、である。

企業とそのカスタマーをつなぐコールセンタービジネスは、今挙げてきたようなサービス業的特質の要素がとても多くを占める仕事である。それに加えて、業務の担い手であるオペレーターは、第1章「あくなき改善の原動力」でも触れたように、もともっているスキルも多種多様なら、働く動機もバラエティに富んでいる。そして、ベルシステム24はそんなオペレーターたちを2万数千人という規模で擁し、コールセンタービジネスを展開している企業なのだ。

ありとあらゆるバックグラウンド、モチベーション、能力……。規模の大きな企業集団の中で、さまざまな要素を一つのチームに束ねて、クライアントやエンドユーザーに向き合うのは、きわめて難易度の高いことだ。

だからこそコールセンターで「生産性と品質を高次元で両立させる」のは、製造業以上にチャレンジングなことだとわかるだろう。

コールセンターでは品質と生産性の相乗が不可欠

ではベルシステム24の事業であるコールセンター運営において、「生産性」を高める、「品質」を高める、とはどういうことなのだろうか。

コールセンターでは、自分たちの「生産性」はどのくらいなのかを測るために、さまざまな項目の数値が設定されている。基本的なものでいえば、たとえばオペレーター1人が一時間当たりに処理する件数CPH（Calls Per Hour）、一件にかかる平均処理時間AHT（Average Handle Time）、電話対応終了後の対応記録や手続きなどに必要な後処理時間ACW（After Call Work）など。各職場ではこういった項目の数値の推移を見ながら、生産性を維持し高める取り組みを行っている。

一方、コールセンターの「品質」とは、主に直接エンドユーザーと接するオペレーターの「応対品質」にちなむものだ。電話を受けた人の対話によって、企業のイメージは良くも悪くもなる。応対内容の基礎知識はしっかりもっているのか。言葉遣いはふさわしいか。用件に対する回答が的確に行えるか、結果、エンドユーザーの疑問や不安は解消されたか、問題は解決し満足いただけたか――、といった要素を組み合わせた対応力が、品質の基本となる。

このように考えてみると、処理時間を短くするなど生産性を上げることと、的確で丁寧な対応を行うという応対品質は、一見するとまったく別の方向に向いているように感じる。だからこそ、この二つを両立させるのは、なかなか難しいのではないか。

「確かに難しいことです。でも実はコールセンターでは、生産性と品質は切り離して語れない。この二つは連動しているのです」

私たち取材チームの疑問に対して、ベルシステム24のさる統括部長は解説してくれた。

もしもオペレーターの対応が的確でなければ、エンドユーザーは「そんなことを質問しているのではない！」といったん否定しなくてはならない。そうするとオペレーターは重ねて質問を投げかけることになり、結果的にムダな時間が発生してしまう。

逆に質の高いオペレーターというのは、言葉の一つひとつに全神経を研ぎ澄ませ、相手がどんなニーズをもっているのか、どんな心理であるのかを表情がいっさい見えない中で想像していく。いわゆる〝行間を読む〟ということを対話の中で繰り広げる。そしてエンドユーザーが期待することを即座に察知して、相手の期待に合致した、あるいはそれ以上の回答を行う。そうなると結果的に、通話時間は短くて済む。これは先ほど例として上げた星野リゾートの「真実の瞬間」の話とも重なるが、言葉の裏に潜む顧客の期待や、聞きたいことがらを察知できる鋭い感性は、最終的に生産性向上につながる。

だからこそコールセンターにおける「生産性と品質」は、同時に追求しないと実現できないものなのだという。質の高いサービスによって、生産性の目標数値をクリアする。品質が生産性に影響し、生産性が品質に働きかける。その相乗によって、エンドユーザー、クライアント、それぞれの満足度が向上し、それらの結果としてベルシステム24の収益が上っていくのだろう。

「生産性と品質」を高次元で相乗させるJOB TARGET

では、コールセンターにおいて「生産性と品質」を高次元でかけ合わせるためには、いったいどうしたらいいのか。そのためには、今自分たちが手がけている業務の中で何を変えていくべきなのかを分析し、ポイントを絞り込んで改善していくことが必要だろう。

一般的にこういった取り組みは、業務パターンを大きく分類しそれぞれにおいて「典型的理想モデル」をつくり、それに照らしてどんな差異があるかを分析して、一つひとつを改善していく、といったように進めるのが定石であろう。だが、ベルシステム24のオペレーションは、ほとんどがオーダーメイドであるがゆえに業務の種類や形式が受託案件ごとによってすべて違う。もともとクライアントのニーズ自体が千差万別であるし、同じ業務であってもその時々の環境や状況によっては求める結果も変わってくる。それらを組み合わせていくと、オペレーションの方法は何万通り、いや、無限大のパターンが考えられる。そのため、そのパターン分類はほぼ意味をなさず、ましてすべてに効く万能薬的な「典型的理想モデル」といったものは、そもそもつくれない。

しかし型にはめられないといって、そのままにしておいても何も変わらない。ベルシステム24では、サービス品質向上のための施策を企画・推進する機能として、プロセス管理部という専門部署を置いている。プロセス管理部では、「生産性と品質を高次元で相乗させ、その結果として収益の向上を実現していくために、現場のパフォーマンスに負うだけでなくそれを効率的かつ横断的に支援できる施策を提供していかなければならないだろう」と考えた。

もちろん、第1章「あくなき改善の原動力」で見てきたように、ベルシステム24の各現場ではそれぞれの改善活動が活発に行われている。それによって「生産性と品質を高次元での相乗」も期待できよう。ただそれはそれとして、体系化や標準化によって施策の再現性や応用可能性を具現化し、横断的なナレッジとして積み上げていくことは本部機能の役割として必要なことだ。

受託業務の現状を「数値化して可視化」し、〝何らかの理想モデル〟と比較してその差異は何が原因となっているのか、客観的に誰が見てもわかるようにしたい。そしてその原因を解決できる手法をメニュー化して提供したい。そうなるとやはり、そのためのターゲットとなる〝モデル〟が欲しい。さて、どうするか……。

プロセス管理部はコンサルティング会社の知見も合わせながら、業務プロセス改善ツールの事例などを見ていき、ある視点を見つけた。それは「契約内容と実際のオペレーションのギャップ」だ。一つの受託業務がどのくらい生産性を上げ品質をアウトプットしているかを確認する元となるものは、クライアントと契約時に結ぶ「契約書」である、つまり〝何らかの理想モデル〟をわざわざつくるのではなく、その受託業務の契約内容をいったんターゲットに据える、という考え方である。「契約内容と現在のオペレーションはしっかり合致しているのか」ということをデータベースで精緻に分析し、もし差異があるようなら改善する。そのための改善方法を整理し、ナレッジを体系化して各現場に提供したら役立つのではないか。プロセス管理部は、そう考えた。

「契約等のデータを活用して実情を可視化し抽出された課題を、一過性ではなく計画的かつ継続的に改善することによって、そのギャップを適正化していく――」。この一連の手法は「ＪＯＢ ＴＡＲＧＥＴ」と命名され、プロセス管理部は「運用プロセス・ツール・作業・管理の標準化」に着手した。

ＪＯＢ ＴＡＲＧＥＴの具体的な運用プロセスについて説明しよう。まず契約内容に基づき業務プロセスやオペレーター稼働に関する各種データを収集し、現状のギャップを明らかにする。それからギャップが発生した要因を特定するために、可能性が高い要因に対して「何が原因か」の追究を繰り返していき、徐々にその本質的な原因まで掘り下げていく。この手順をロジカルに進められるようフローチャートが用意されている。そうして優先順位をつけた課題に対し、プロセス管理部が提供する幅広い課題の解決に対応する数十通りのソリューションをまとめたオリジナルのガイドに基づき、オペレーション・営業・本社と連携を取りながら、計画的かつ継続的な改善活動を行う。結果、契約内容とオペレーションのギャップが適正化されていく、という工程である。

しかし、これまで同種のさまざまな施策の試行錯誤を重ねてきた経験値から、生産性や品質を改善するためにはあくまで現場が主導すべきであることを尊重し、本社機能はそれを支援する機能に徹するという立ち位置を貫いた。そのため、プロセス管理部が提供するＪＯＢ ＴＡＲＧＥＴは、「そのまま使ってもよし、応用してもよし、その部署にふさわしいやり方が他にあるなら、その方法で行ってもよし」という比較的柔軟な位置づけにした。生産性と品質を相乗させ収益力を強化するという目標を達成できるなら、手段は自由であるといったように、各現場に判断を委ねたのだ。

では、オペレーションの最前線である現場では、具体的にどのように「生産性と品質の相乗」に向き合い格闘したのか。三つの事例を取材してみた。

成果が見えると人は動く

まずはプロセス管理部が提供した「JOB TARGET」を利用し、成果を上げたさる地方拠点のソリューションセンターに話を聞きに行った。こちらでは、さる大手流通の通販サポート業務、および大手EC運営会社への出店サポート業務において「JOB TARGET」を活用したという。

契約時には業務委託項目として契約書に明記されていなかったのに、クライアントから「これをやっておいて」といわれたから、よかれと思い「わかりました」と引き受けてしまう。または、クライアントからは特に求められていないのに、いつの間にか社内で慣行的にやってしまっているものがある——。このチームでは、そういった事情をいくつか抱えていた。そこで、プロセス管理部がつくったマニュアルやツールを使いながら、契約内容と実際のオペレーションを照らし合わせていくという取り組みを行っていった。担当者は語る。

「現場でも、『契約書に書いてあること、ないこと』というのは、管理者であれば当然わかってはいます。でも、プロセス管理部で提供してくれたマニュアルやツールを使ってデータを収集し分析を行うと、そのギャップだけでなくそれによる生産性や品質への影響が数値で見える化され、客観的に誰もがわかるようになりました」

「ギャップの発生要因は何であるか?」は、JOB TARGETの運用プロセスに沿いながら特定していく。「オペレーター個人のパフォーマンス」に原因があるのか。それとも「組織のマネジメント」、あるいは「契約内容」そのものに起因しているのか。もし「オペレーター個人のパフォーマンス」に起因していると分かったならば、さらに「なぜ」を繰り返す。「AHT（一件にかかる平均処理時間）が長い」のか「成約数が少ない」のか、「管理が不足・適切でない」のか。AHTが長ければ、「保留回数が多い」のか「一通話当たりの保留回数が長い」のか。こういった表面的な原因を何回も分析していくと、次第に原因の根源に近づいていくのである。そしてプロセス管理部が提供した課題の解決法が記載されたソリューションガイドなどを利用して、施策方法を選定し、改善活動を行っていくのだ。

このようにギャップを可視化するためには、データを集めたり、細かな分析を行ったりしなくてはいけない。担当者にとっては緻密で根気のいる仕事だ。途中で気持ちが折れることはなかったのか。

「最初に取り組んだ案件で成果を出せたことが大きいです。特定したギャップに対して一つひとつていねいに手を打つことが、遠回りのようで実は一番の近道だとわかったのです」

同チームでは、まずJOB TARGETの基本に則り、現場管理者に協力してもらいながら、実際のギャップを見つけるデータを収集することに取りかかった。コールセンターは、ただでさえ1分も1秒も無駄にできない徹底効率重視の現場だ。「こういった取り組みをしなさい」と一方的に押し付けても、「急な仕事が増えた」「なぜこんなことをやらなくてはいけないのか」と反発心だけ起こってしまう。でも、人はメリットを感じると、能動的に動いてくれたり、協力したりするようになるものだ。担当者は、「この取り組みを行うことによってセンターのメンバーにこんなメリットがある」と具体的に説明していった。

「たとえば『JOB TARGETをやれば、仕事がもっと効率的になりますよ』とか『生産性が上がれば、みんなの時給に反映できるかもしれません』という話を織り込むようにしました」

なるほど、自分に直接関係のないことを一方的にやらされるのではないかと思えば拒絶感が生まれてしまうが、直接利益があると感じられれば、取り組む動機が生まれる。

現場から契約内容にかかわる膨大な実績データを収集し、多様な作業ツールを使い、あるべき姿と現状とのギャップはどのくらいかを徹底的に分析・検証する。そして判明した要因に対してオリジナルのガイドを参考にして、一つひとつどのような対策を打つかということを検討。すべて目標値を決めて、運用における初期情報を記載した改善計画書を作成してから、改善活動に取りかかった。さらに、活動の途中では実行状況をモニタリングするなど定点確認をしながら進めていったという。プロセス管理部が提供した運用ツールを使いながらJOB TARGETが示す手順に則って活動すると、段階を踏みながら改善へつなげていくことができる。また、アウトプットも最小限に集約、統一されるので、関係者の間での問題の認識・共有が図りやすくなる。このセンターでは約1年間、懸命に継続して活動した結果、生産性は以前より飛躍的によくなっていった。

「自分たちの取り組みが、しっかり効果になって表れたのがうれしかったですね。最初は苦労しましたが、とても身になったと思います。原因がはっきりしないまま『こうではないか』と仮定して取り組むよりも、『ここ』と特定して、それに対して期限を決めてやることが一番確実に結果を残せることを実感しました。不必要なトライ&エラーを排除する、ということができたのでしょう。だから、この取り組みを続けられたのだと思います」

担当者は協力してくれた現場管理者にも「JOB TARGETを行うことで、こういうプラスの結果が出ました」とフィードバックするよう徹底した。実績を積み上げることが、新たな改善のエンジンになる、という流れをつくり出すように注力したのだ。

現場管理者も、生産性が上がるという成果が見えてくれれば、当然うれしく感じるものだ。彼ら彼女らからは「やっぱり、やってよかったです。こんなに成果につながったのですから」という声が次第に出てくるようになった。

もちろんトライした案件が、すべてスムーズに解決したわけではないという。

「でも、うまくいかなかったことは、次の案件で是正してみる。それを繰り返すことによって、どうすれば円滑に分析ができるようになるのか、私たちも次第にわかるようになりました」

生産性が上がっているのか上がっていないのか、数値化されてはっきりわかってしまうことは、いいわけができず厳しいことかもしれない。しかしそのことがはっきりわかる方が、「では、どうする？」と自ら考え、次に生かしていけるのだ。このチームの取材を通じて「直接関係する成果を示すと、人は自ら動いていくようになる」ということを改めて理解した。

合意形成で「立ち戻れる場所」をつくること

プロセス管理部の「ＪＯＢ ＴＡＲＧＥＴ」のやり方を実行し、成果を出すことができた先のセンターの担当チーム。一方であえてその方法をとらずに、独自の方法で行った事例があると聞き、取材に向かった。別の地方拠点のソリューションセンターのＩＳＰ（インターネット・サービス・プロバイダー）業務担当チームでは、目標数値の達成をコミットするという前提で、自分たち独自のやり方を考案し、取り組みを行ったという。

このチームでは、品質と生産性を相乗させて収益を上げるためには、当該業務にかかわる全メンバーが「これをやる」と決めた合意形成がいかに大切かに着目した。やりたいことが決まらないと、それを実現するために何をしなければいけないかも見えてこない。なぜメンバーで合意形成することにこだわるのかというと、もし突発的な事態などが起こって今後の方向性が見えなくなったときに、「これは何のためにやっているのか」と、いったん立ち戻れる場所をつくっているのだ。

そしてまず、意外かもしれないが、マネジメントにかかわる管理者層の間で「我々はベルシステム24で何がしたいのか?」「何のためにこの会社にいるのか?」という、〝働く原点〟のような本質的なところからディスカッションをスタートした。そこから徐々に絞り込んで、「我々は何のためにこの業務をしているのか?」を一致させることに工数を割いた。この作業に最も時間をかけると、自分たちの軸をぶらさずに、一人ひとりが意思をもって考えて行動し、組織がしっかり動くようになるという。コールセンターの現場でここまでやるのかと、これには正直驚いた。

同センターのマネージャーは語る。

「全員で話し合った結果、『自分たちがベルシステム24でやりたいことをかなえるには、収益をさらに改善する必要がある』という合意が取れました。次に、それを実現するためには何をすればいいのかをさらにディスカッションしたところ、『もっと研修を充実させてスキルアップをするべき』『お互いが情報共有や意見交換をする場が欲しい』など、さまざまな意見が上がってきました」

収益改善は、もはや「目的」ではなく、自分たちのやりたいことを実現するための「手段」になったのだ。

その後もさらに議論を重ねて具体策を話し合っていった同チーム。最終的には「収益を改善するためには、オペレーターのモチベーションをもっと上げていきたい。その策として、頑張った分の成果を報酬に反映するのがいいのではないか」という「インセンティブ制度の導入」を目指すという着想にまで至った。つまり、改善した収益からインセンティブの原資を確保しようという発想である。

それを可能にするには、まず「どうやって収益を上げるか」の戦略をつくらなければならない。そこで、現状の収益や目標とする収益、そこから割り出されるインセンティブ額などを試算して目標数値を設定。それを踏まえ、一人ひとりが何を行うべきかをブレイクダウンした。同時に、インセンティブ制度のルールづくりも、メンバーの合意のもとで行った。

このように目標を決めて日々進捗を管理し、全員で取り組んでいったところ、半年後には当初の想定以上の収益を上げることができるようになった。そして一つの施策が成功すると、人は自信をもつ。ディスカッションの場で出たその他の要望、「研修プログラムの改訂・強化」「研修室の整備」を具現化する施策にも着手し、それらも次々に実現するなどの相乗効果が生まれていった。

このチームが取った方法を聞いて、私はダニエル・ピンクの『モチベーション3・0』の中のある記述を思い出した。21世紀における職場に必要なのは〝自分の内側から湧き出る「やる気!」に基づく動機づけ〟だということを。

『モチベーション3・0』は、モチベーションについて新たな考え方を提示した本である。ピンク氏はコンピュータと同様、社会にも人を動かすための基本ソフト（OS）があるとし、それを三つの段階に分けて解説。最初の段階、モチベーション1・0は、「人間は生物的な存在なので、生存のために行動する」と定義した。モチベーション2・0は、アメとムチのように、「人には報酬と処罰が効果的だとみな」す、与えられた動機付けの段階とし、モチベーション3・0では、「人間には学びたい、創造したい、世界をよくしたいという第三の動機づけもある」とした。

事業環境が著しく複雑化するにつれ、2・0では通用しなくなってくる。新しい時代の組織、思考、実行に対応するためには、3・0に移行しなくてはならず、自主性、やりがい、目的という動機付けが必要だ、とピンク氏は語っている。

このチームの一連の取り組みは、メンバーの自主性を尊重しながら、自分たちのやりがいと関連付けて目的を共有していったものだ。それはピンク氏が語っている、モチベーション3・0につながるのではないか、と感じる。

この取り組みのおかげで生産性と品質の向上を相乗でき、それによって収益の大幅な改善を実現した。それに伴い、提案したインセンティブ施策によって働くメンバーにもその収益を還元できるという、当初目論んだ施策を実現。一連の取り組みが成功したことを見聞きして、「自分たちもこんな工夫をしてみたい」と他の業務を担当する人たちも関心を寄せたという。現在はこのセンターでの成功事例を参考にして、他のセンターでも「では自分たちは何を目標とするか。どんなストーリーで進めていくか」といったことを話し合って活動方法を模索するなど、新たな展開が始まっている。

このチームの事例を聞くことで、「人は仕事の目標と自身の目標を一致させれば、それを実現するために何をしなければいけないか、主体的に考えるようになる」ということを改めて目のあたりにした。そうすることで、現場のモチベーションはアップし、生産性アップと収益改善につながっていくのだ。

指導する管理者を教育する

これまでの二つの地方拠点の取材は、それぞれの収益改善に際し、プロセス管理部が提案したＪＯＢ ＴＡＲＧＥＴのやり方を取り入れたか、取り入れなかったかという事例として話を聞いてきた。一方、それらとはまた次元の違うアプローチをしたところがあった。首都圏〝ソリューションセンター群〟である。

ベルシステム24の首都圏エリアは、組織構造的に他のエリアとは大きく違う環境に置かれている。管轄する自社センターが5カ所、そこで働くオペレーター1500人。実はそれに加えてクライアント企業が運営するセンターに人を送り込んでいるのが200カ所超、約4000人。つまり7割強の人員が「社内メールすら届かない場所」で働いているということになる。当然、センター間にまたがる5500人のマネジメントは、多様な苦労を伴う。

自社センターであってもクライアントセンターであっても、互いに離れているセンターでは、当然ながら他のセンターの様子がまったく見えない。まして200カ所以上に分散しているとなれば、相互の隔絶感は推して知るべしだ。見て来た拠点のように、センター内の一つの業務での成功事例が、相互に波及していくことはまずない。

「生産性と品質を高次元で相乗させるための方法として、プロセス管理部からJOB TARGETを紹介されました。でも『契約内容とのギャップ分析や改善活動に取り組む』といっても、そもそも7割は組織自体がそういう活動に取り組める体制ではなかったのです。ただ、なんとかしてプロセス管理部発の流れに乗りたかった」と首都圏エリアを統括する部長は語る。たとえ直接のマネジメントが日常的かつタイムリーに届かなくても、あるいはそれぞれの業務環境がまったく異なっても、必ずやりようはあるはずだ。統括部長が着目したのは、オペレーターを指導する立場である「管理者」の教育を体系的に再度構築し直すことだった。

管理者に求められる任務は、エンドユーザーと直接コミュニケーションしてサービスを提供するオペレーターをマネージし、業務の目標を達成すること。そのために管理者は、オペレーターが最高のパフォーマンスを出せるように、フォロー、指導、育成をする役割を担う。つまり管理者こそが「生産性と品質を高次元で相乗させる」ためのキーマンということだ。

しかし、管理者の教育体系を再構築しようとしたとき、サテライトのセンターでは自社センターと同じテンポでは進んでいない。勤務先はクライアントのオフィスが多いので、社内で行うように自由に研修を実施することができない。ならば外部で研修をしようと企画しても、点在するオフィスから人が集まることは物理的にもタイミング的にも難しい。同じやり方で解決が付かないことは、すでに誰もが理解することだった。

そもそも管理者たちは、日々センターにおいてオペレーターの育成・指導に携わっているわけだが、こうした特異な組織構造を理由にテンポの違いをそのままにしておけば、彼ら彼女らによるオペレーターの育成・指導のやり方がいきおい「独自に進化する」。何か具体的な創意工夫が必要だ。そのため、首都圏では今期から管理者の教育カリキュラムを大幅に刷新。サテライトにいる管理者も含めて、対象者全員が短時間で集中的にエッセンスを受講できるよう、研修パッケージを徹底的に再整理した。そしてその限られた時間の中でも、受講者が理解を深めていくことができる内容に凝縮していった。

新しい研修では、「ベルシステム24のあるべき管理者としての姿を理解してもらい、各センターで生かしてもらう」ことが主軸となっている。内容は「ベルシステム24の社会的役割とは何か」という企業としての立場を理解するための解説から始まり、その上で管理者の役割、管理者に求められること、期待することなどを網羅的にわかりやすく説明していく。この研修でもっともポイントとなる「管理者に求められること」については、「オペレーターのケア」「働きやすさの提供」「生産性・品質の向上」の三つに絞って説明。特に「生産性・品質の向上」では、クライアントの満足度向上のためには、センターのサービスレベルを向上させることが必要であると説き、それが業務の継続、会社の存続、雇用創出、サービスの向上につながり、最終的に社会への貢献となることまで伝えている。

管理者のレベルが体系的に上がれば、オペレーターへの指導も的確になる。そうすればオペレーター一人ひとりの業務の質が高くなり、エンドユーザーに伝わっていく。首都圏はこの好循環を構造化したかったのだ。こうした取り組みを通して、仕組みをうまく使いこなすには、まず組織の中の意思疎通が取れていなくてはいけないこと、そのためには、まず組織を構成する「人」の教育が大事であることを確認することができた。

もう一つのDNAの発見

今回の取材を通し、驚いたことがある。JOB TARGETの取り組みを行うとなったときに、導入の苦労はあったものの、各現場が想像以上に主体的に取り組み、成功例をたたき出していることだった。

なぜJOB TARGETが果たそうとしている目的をすばやく理解し、実際のアクションへと落とし込むことができたのか。今回の取材のまったく別の場面で、さる統括部長が発した言葉に思い当たった。いわく、元来ベルシステム24には、損益管理に対する意識が現場の隅々に浸透している、というのである。

一般的な企業では、組織単位を預かる課長・係長、またはアカウントを預かる営業といった人たちであれば、自分の部署やアカウントがどんな数値を追いかけていて、経費がいくらかかっていて、最終的な利益はいくらだ、という損益の観点は当然にもっている。しかしベルシステム24は、それが業務単位、もしくは業務の中のチーム単位まで徹底されている。中途採用で入社した人は、「ベルシステム24に入って一番驚いたのは、一人ひとりがまるで社長のような目線で損益を気にしているところでした」と語っているほどだ。つまりこの会社には、数字を意識して、その目標を達成するために何をすればいいのか、と考える下地があったのだと思う。だからこそ、「現状と契約書内容のギャップを見つけそれを解決する」という活動に取り組むことになったとき、ストレートに受け入れられたのではないだろうか。

第1章「あくなき改善の原動力」で取り上げているとおり、ベルシステム24の現場には改善への取り組みやＰＤＣＡを回す習慣が根付いているのと同様に、数字に向き合い、自分たちの行動を数字に置き換えて結果を出そうとする姿勢も、やはりＤＮＡなのではないかと感じた。

「現場の隅々まで数字への意識が高い」――これもベルシステム24の30年超の歴史の中で、連綿と育まれ受け継がれてきたものなのだろう。

そして感動を届けるサービスへ

前述のとおり、ＪＯＢ ＴＡＲＧＥＴは生産性と品質を相乗させ収益改善に寄与する効果的な手法だが、受託業務の性質によって向き不向きもあり、決して万能に使える魔法の杖ではない。さらに、今回取材を通してわかったのだが、ベルシステム24の中でＪＯＢ ＴＡＲＧＥＴが必ずしも収益改善の最前列に着座しているわけではない。

そうはいっても、取材した三例にもあるように、この手法を社内にリリースしたことによって、〝収益改善の風が吹いた〟ことは間違いないだろう。そして三例とも、「成果が見えると人は動く」「仕事の目標と自身の目標を一致させれば人は大きな力を出す」「人を動かす人を体系的にレベルアップする教育が必須」といったポイントが見えたように、「現場の人たちをいかに動かせるか」が肝となっているのだ。これによって、ＪＯＢ ＴＡＲＧＥＴのように手法を体系化することと、人の力を生かすこと——この二つもバラバラに行われることではなく、お互いにかけ合わされることによって、生産性と品質の相乗に役立っていくのだと確信した。

冒頭で問題提起したが、サービス業が「生産性と品質を高次元で相乗させる」ことは、真摯に追求すべき大きなテーマであろう。そのテーマに挑む遠大な流れのスタートの一つとして、ＪＯＢ ＴＡＲＧＥＴは位置づけられるのかもしれない。

そして今、ベルシステム24が掲げているのは、「期待を跳び越え感動を届ける」ことである。これは、コールセンター運営受託のプロとして、あるいは未だ誰にも見えていない「ＣＲＭのあるべき姿」を提示することに他ならない。

ますます厳しくなるビジネス環境の中、ベルシステム24のサービスがさらに進化していくためには、クライアントから提示された目標値で、発想力が止まってはいけない。クライアントのビジネスがどうすれば勝ち残っていけるのかを一緒に考えるパートナーの立場に立ち、経験と知恵を駆使して渾身の提案を行う。それによって、クライアントとベルシステム24双方が成長を享受することができたときに初めて、サービスは感動の域に達する。

JOB TARGETのターゲットは今後「感動水準」へと進化し、サービスメニューはベルシステム24全体（時間と空間）に存在する無限のナレッジを体系化したものになる。この章の取材を通じて、そんな将来像をイメージした。

第7章
1／26000と向き合う
～オペレーター一人ひとりの活躍こそ～

――管理者がオペレーターとの向き合い方を改善すれば、オペレーターに与える影響が変わってくるはず――

（247頁）

必要な人材を生かすためのリテンション

第1章から第6章まで、ベルシステム24のサービス品質向上や生産性アップのための施策、現場における改善活動、あるいはビジネスそのものの進化などを見てきた。それを通じて見出したことは、どんなに素晴らしいビジネスモデルが確立されても、どんなに画期的な改善施策が編み出されても、それを実行するのは現場の人々であり、最前線にいるオペレーターやスーパーバイザーがやる気をもって動かなければうまくいかない、という本質である。具体的な業務や施策に取り組むのはあくまでオペレーター一人ひとりであり、その個々の力が合わさって事業が動いていく。つまり、力を発揮してくれるオペレーターがいてこそ、コールセンタービジネスは発展していくといえるだろう。

しかし、世の中は人材難だ。日本の採用環境は、年々厳しくなっている。正社員採用はもちろん、アルバイト採用もなかなか人が集まらず、苦戦している企業が多く見受けられる。その顕著な例が飲食業界や小売業界で、最前線の店舗で働くアルバイトを確保するために、時給をアップしたり勤務時間を緩和したり、あるいは待遇を改善したりと、さまざまな対策を講じている。

コールセンター業界も例外ではない。オペレーターをタイムリーかつ十分に確保することは現実的にそう簡単なことではなく、まして規模の大きなコールセンターであれば、必要とする人員数は飲食業界や小売業界の比ではない。やはり厳しい採用競争環境に置かれているのだ。さらに近年、コールセンターは一定のエリアに集積して立地する傾向にある。そうなると、競合同士の各センターが人材を取り合う状況にもなる。だからといって何度も人材募集の広告を出していては、広告コストがかさんでしまう。また、応募者を集めるために採用基準を甘くしたとしたら、母数は増えるかもしれないが、品質を維持することが難しくなると思われる。教育・研修の手間や工数も、さらにかかってしまうかもしれない。こうして見ていくと、採用のみに期待をかけることは現実的ではなくなっているといえるだろう。

そうであればベルシステム24の各現場では、どのようにしてオペレーターを確保しているのだろうか。その単純な疑問を、本社の人事スタッフにぶつけてみた。

「もちろん、各現場では人を集めるために必死に採用面での工夫をしています。また本社としてもWEBを活用した施策でさまざまなバックアップ策を講じています。でも、大変ありがたいことにクライアント企業様からのニーズは年々着実に拡大しており、それを充足させるためのオペレーター人材の確保がなかなか追い付かない状況です。そもそもコールセンターの現場は人材の流動性が比較的高いのですが、だったら今活躍しているオペレーターに長く働いてもらえるようにしようと、現場では新たなリテンションに取り組んでいます」

新たな人材を集める工夫をする一方で、今いる人材をしっかりと確保しようということだろう。そのために「リテンション」に取り組んでいるというが、そもそもリテンションとは何であろう。

調べてみると、人材マネジメント用語で「企業にとって必要な人材を維持・確保するための施策などを指す」とある。つまり、ベルシステム24では、コールセンターにとって必要不可欠なオペレーターに長く働き続けてもらうための施策に取り組んでいる、ということなのだ。

確かに、ビジネスを拡大・発展させるためには新たに人を採用することも必要だろうが、すでに活躍している人に積み上げてきた経験を生かしてもらうことが欠かせないはずだ。経験を積んで高いスキルを身に付けたオペレーターは、より品質を担保でき、生産性アップへ大きく貢献することが期待できる。クライアントも、経験を積んだオペレーターが多くいれば、いっそう安心して業務を任せられるに違いない。

そう考えると、現場で活躍する一人ひとりに長く活躍してもらえるようリテンションに取り組むことは、避けて通れない道だと思われる。ベルシステム24が厳しい事業環境の中で勝ち残り、成長していくことにつながる重要な施策といえるだろう。

とはいえリテンションへの取り組みも、言えばすぐにできるほど容易なことではないと思える。第1章「あくなき改善の原動力」から見てきたように、なにしろオペレーターは、主婦、学生、フリーター、シニアと、男女や年齢を問わず多様な人々が在籍しているのだ。

「人とコミュニケーションをすることが好きだから、コールセンターを選びました」と仕事そのものにひかれてベルシステム24を選んだ人もいれば、「将来的に目指す仕事はまったく異なるけれど、その仕事に就けるまでの生活の糧として働きます」という人もいる。「所属のバンドがメジャーデビューを目指していて、夜はスタジオ練習、昼間はここでスーパーバイザーをしています」という人もいる。入社の動機も仕事へのモチベーションもさまざまだ。

このようにバックグラウンドが多様な人々に、長く働いてもらえるよう働きかけることは、試行錯誤が伴わないはずがない。いったい、ベルシステム24の現場では、どのようにしてリテンションに取り組んでいるのだろう。

「人が生命線」のコールセンターでの取り組みを知ることで、ベルシステム24の成長の可能性を計り知ることができると考え、いくつかの現場を訪れることにした。

互いの関係をスムーズにする小さなきっかけ

「リテンションに取り組むには、まず、真の退職理由を知る必要があると考えました」

そう語るのは、最初に訪れた地方拠点のソリューションセンターのマネージャーだ。ある企業の物流に関する問い合わせ対応を一手に引き受けているチームである。同じエリアには競合のコールセンターがひしめいており、やはり採用難に直面していた。

そこで、リテンションに取り組み始めたという。

そして同センターではオペレーターに長く働いてもらうために、退職に至る原因を探り、その問題を解決するような施策を立てていったというのである。

コールセンター業界ではオペレーターが退職する理由は、一般的に次の三つが多いといわれている。一つめが「家庭の事情」だ。「父が入院して介護が必要なので」「夫が転勤することになったので」といった理由が多く目立つという。そして二つめが「体調不良」、三つめが「結婚・出産・育児」だ。

そこで先のマネージャーに、業界一般的なこれらの退職理由に対して見解を聞いてみたところ、「それらの理由の多くは建前でしょう」という答えが返ってきた。職場や仕事にマイナス感情をもって退職する場合は、直属の上司に本当の理由はいいにくいものだ、というのである。なるほど、そうした状況を踏まえて考えると、たとえば「母の介護のため」という理由も、もしかすると建前の人もいるかもしれない。そもそも、今後ますます介護費用がかかるはずなのに、退職してしまって大丈夫なのかと心配になってしまう。

では、本当の退職理由は何であろう。

「社内の第三者がヒアリングしたところ、本音の理由は『人間関係』を挙げる人が多かったのです」

給与や勤務時間といった勤務条件面ではなく、管理者の指導が厳しい、合わない同僚がいる、職場になじめないなど、互いの関係が起因しているケースが多いことが判明したという。

「人間関係」は、どこの企業にも顕在化している問題だ。ある転職サイトが転職者5000人を対象にした「本音の退職理由は？」という調査の結果でも、1位は「人間関係」であり、同業他社の調査でも3位に挙がっている。特にコールセンターのように100人、200人と職場の人数が多ければ多いほど、合う人合わない人がいたり、密なコミュニケーションがとりにくかったりと、人間関係はなかなかスムーズにいかないだろう。

この難題の解決に向けて、同センターはいくつかのリテンションに着手している。その一つが、採用されたオペレーター向けの「ワークショップ入社式」だ。

このチームでは、採用が決まったのちに座学研修と業務研修を約1カ月、OJTを約1カ月、トータルで約2カ月かけてトレーニングを行っている。この業務研修で覚えることは非常に多く、たとえばパソコン操作のセッションでは一つのモニターに30個近いウインドウが開かれていることもあるほどだ。そのため管理者は、受講者一人ひとりが確実に業務内容を覚えて研修についていけるよう、丁寧に必死にフォローしている。

「ところが、熱心に指導するあまり、良かれと思って厳しく指導してしまう管理者もいます」

そのような場合、受講者であるオペレーターは「研修がきつい」「仕事の難易度が高いから、私には無理かもしれない」と思ってしまいがちだ。しかも、入社したばかりで気軽に相談できる相手が社内にいない。だとしたら、悩みを話せて相談しサポートし合える仲間がいれば、壁を乗り越えやすくなるのではないか。そのような考えから、ワークショップ入社式を実施することになったという。

一般的に企業での入社式は、冒頭に企業のトップがその企業の社会的役割やビジョンとともに、入社者への期待などをスピーチするケースが多い。いわゆる「訓示」である。これはこれで大切な場であるが、同チームでは「一方的に話を聞いているだけでは、業務への理解が深まらない」という考えから、入社者自らが互いにディスカッションし合う座談会形式のワークショップをメインプログラムとして実施しているのだ。

「オペレーターが担当するクライアントの業務内容をＤＶＤで見てもらい、その上で自己紹介を兼ねて感想を述べてもらったり、仕事への決意や抱負を語ってもらったりしています」

また、ワークショップ入社式には、指導に就く管理者や一緒に働く先輩オペレーターも参加する。入り口の段階から職場の人々とのつながりをつくり、職場になじみやすくしようというねらいだ。

「ただ、こうした入社式のようなイベントは、あくまで人間関係をスムーズにするためのきっかけにすぎません。補助的な取り組みです」

そうマネージャーは断言する。仲間との関係構築をサポートするためにイベントを実施しているが、もっと主たる取り組みがあるというわけだ。

では、柱となるリテンションとして、どのようなことに取り組んでいるのだろうか。

次からは、同チームのさらなる施策を見ていこう。

納得感を高める目標管理と評価とは？

もっと本質的な取り組み――それは、オペレーター一人ひとりに目標を設定し、達成・未達成に対して正当に評価することだという。

たとえば勤怠だが、オペレーターは時給制のため勤怠が良くても悪くても差がつかないのが通常の仕組みだ。だからといって、遅刻欠勤なく働いている人とそうではない人が同じ扱いだとしたら、誰もが不公平に感じるだろう。ましてや、遅刻欠勤が多い人を管理者が厳しく指摘していなかったとしたら、周囲は納得しないはずだ。それこそ、人間関係がギクシャクすることにもなりかねない。

そこで、このチームでは勤怠の評価基準を明確に設定し、基準に照らして評価をするようにしている。正しく勤務できていない人にはペナルティを設け、無遅刻無欠席で成果を出している人にはきちんと評価をする。公平に評価することで、オペレーター相互の納得感を高めようと努めている。

さらにマネージャーは次のように加える。

「評価基準は勤怠だけではなく、業務の中身についても設定しています」

応答率や一件にかける処理時間などの評価基準を明確にし、その上で個々人に合った業績目標を設定するというのだ。「Aさんは入社して間もないから、まず○△を目指してみましょう」「Bさんはお子さんがいてフルタイムでは働けないから、○○を目指しましょう」「Cさんは先月目標を達成できたから、今月はさらに上を目指してみましょう」というように、一人ひとりの状況を見極めて目標設定をしていくわけである。

とはいっても、オペレーターはキャリアもバックグラウンドも十人十色だ。それぞれの状況を見極めて目標を設定することは、容易ではないだろう。また、目標を課せられるオペレーターも、ノルマが課されたようでプレッシャーに感じてしまうのではないか。正社員であれば業績目標が課せられるのは当たり前だが、パートやアルバイトで働く人々にも業績目標が提示されると、重責に感じてしまうのではないだろうか。

「そうですね。厳しいと感じる人もいるかもしれません。でも、多くのオペレーターは、達成することにやりがいを感じて、ポジティブに取り組んでくれています」

たとえば、日々の業績の達成状況を「達成は青」「未達は赤」と色分けしてわかりやすく提示すると、「赤があるのはイヤです。全部青にしたい」と奮起する。そして目標を達成し、業績グラフが青で埋まると、「達成できてうれしい」と喜んでくれるという。

「明確な目標をもち、その達成状況が適宜見えると、成果を追求することが面白くなってくるのだと思います。逆にいえば、明確な目標や達成状況が見えないと、単に仕事を〝こなす〟だけということにもなりかねないのです」

そうだ、現場は日々電話対応に追われ、目の前の業務にひたすら向き合っているのだ。同じ業務が繰り返され、業務に追われる毎日が続けば、「自分は何のために仕事をしているのだろう。なぜ、忙しく追われているのだろう」と先を見失いかけてしまうこともあるかもしれない。「だから、目標を明確にすることが必要だったのです」とマネージャーはいう。そして次のように続ける。

「さらに、個人の業績目標を提示することも大切ですが、それに加えてチーム共通の目的やビジョンを共有することも必要です。目先の業績目標だけではそれを達成したその先が見えず、どうしても近視眼的になってしまいがちですし、ビジョンが共有されていないと、現場はどう動いていいかわかりませんから」

たとえば、「クライアントが展開するAというサービスの新規加入者を増やしていく」というチーム目標があったとしよう。そのときに、目的・ビジョンが定まっていないと、「応答率を多少下げてでも、一人ひとりのお客様に時間をかけてAサービスの説明をしてご加入いただく」のか「応答率は決して下げずに、限られた時間の中でAサービスの説明をしてご加入いただく」のか、オペレーターの動き方が定まらない。つまり、目先の業績目標を提示するだけでは、行動にバラツキが出てしまい、チームとしてもまとまりにくくなってしまうのだ。

チーム全体の目的・ビジョンを示し、その上でオペレーター一人ひとりの目標を設定・管理する——当たり前といえば当たり前の取り組みだ。だが、考えてみてほしい。オペレーターは、週3日で働く人もいれば、午後のみ出社する人など、シフトが異なるのである。全員が一斉にそろうということは、なかなかない。その中で、チーム共通の目的・ビジョンを共有していくためには、管理者が情報共有を綿密に行っていく必要がある。さらに、各人の状況を的確に把握して、目標を設定しなければならない。それは、大変な労力と工夫を必要とすることであろう。

「そうですね。管理者のマネジメント力によるところも大きいので、簡単な取り組みではありません。それでも地道にケアし続けなければ、必要不可欠なオペレーターのみなさんに長く気持ちよく働き続けてもらうことにつながりません」

人のケアやマネジメントに飛び道具はない。地道に向き合うのみ、であろう。

成果主義はシビアなもの⁉

ここまで取り上げたリテンションは、採用力を強化することと並行して、近年新たに着手し始めた取り組みだ。ここで、ふと疑問が生じた。「人が生命線」のコールセンターで、かつてはなぜこうした取り組みを行ってこなかったのだろう。先のチームを含めエリア全体を統括する統括部長に、思い切ってこの質問を投げてみた。

「かつては『居心地よく働く』という状態であっても、極端にいえば事業は回っていました。ところが今の時代は、居心地のよい働き方だけではビジネスは成り立ちません。『互いに気持ちよく働く』ことを実現しなければ、ビジネスの成長は見込めないのです」

個々人に課される業績目標をあえてアグレッシブに設定せずとも、通常業務の範疇で通常どおりのパフォーマンスを上げていれば会社も個人もハッピー——それが「居心地のよい働き方」であろう。しかし競争が激しい今の時代は、「居心地のよさ」だけを追求していては、ビジネスが回らない。

一方、「互いに気持ちよく働く」状態とは、マネジメントをする側もされる側も、同じベクトルで高い目標に向かい、仕事にやりがいを感じながらモチベーション高く働いている状態だ。目標をもち、その達成に向けてやりがいをもって働いてこそ、事業の成長が果たせるというわけだ。

「だからこそ、管理者だけでなくオペレーター一人ひとりに対しても目標設定を行い、達成・未達成に対しての正当な評価とフィードバックを行うのです」

先に取り上げた目標設定は、達成度合いに応じて定期的に評価される。そして、評価結果は、管理者が一人ひとりと面談・対話をしてフィードバックをするのである。目標を達成した人はそれを褒めてさらに期待をかけ、達成していない人には足りない部分を相互に認識して今後への期待をかける。管理者とオペレーターが対話をしながら、評価への納得感を高め、次の目標を模索していくというわけだ。

こうした取り組みはきめ細やかで丁寧なケアだと感じる一方で、「正社員以外の人々も、成果主義でマネジメントをするのか」と少々驚く。人によっては、フィードバックを厳しいと感じたりするのではないだろうか。もっといえば、現場一人ひとりの負荷や責任が大きくなることで、精神的負担も大きくなるのではないか。また、フィードバックをする管理者も、働く動機が多様な人々に対して「どのようにアプローチをしたら士気を高めてくれるのだろう」と悩む場面もあるだろう。それでも、それぞれの立場において、悩み、葛藤しながら、対話を重ねていくという。

「目標管理はシビアだと感じている人もいるでしょう。管理する側も管理される側も悩む場面もあります。でも、一人ひとりの成果に対してきちんとフィードバックをするということは、それだけその人に期待をかけているということであり、その期待感が伝わることが大切なのです」

採用力強化と並行して着手した、このセンターでのリテンション。ワークショップ入社式の開催、ビジョンや目的の共有、目標設定とその管理——あの手この手で地道ながらも、オペレーターに長く気持ちよく働いてもらう努力を続けている。思うように人が集まらないという切実な状況を受けてスタートしたリテンションだが、結果的にオペレーターのやりがいやモチベーションに働きかける施策となっているのではないだろうか。それが次第に、強い個人、強いチームづくりにつながっていくと思われる。

人との向き合い方を改善するための「360度評価」

ここまで、物流サポート業務を担当するチームでの取り組みを見てきたが、もう一つ、独自のリテンションをスタートした拠点があると聞き、そこへ向かった。先の事例とは別の地方拠点のソリューションセンターである。

このエリアも先のセンター同様、競合のコールセンターが集積しており、オペレーター採用は激しい競争下にある。その状況を捉えて、これまでもさまざまなリテンションを講じてきたという。また、先のチームでもリテンションのテーマの一つに「スムーズな人間関係づくり」をおいていたが、ここでも「人間関係の改善」という課題に別の手法で向き合おうとしていた。

そもそも職場で働く個々人の関係改善は、管理者が手を打とうにも原因がつかみにくい上に、当事者たちの複雑な感情が入り混じるため、解決は非常に難しい。管理者の主観だけで動くと、余計にギクシャクしかねないナーバスな問題だ。だからといって問題を抱えたまま放置しておけば、働く人々のモチベーションはダウンしていく。結果、「互いに気持ちよく働く」ことができなくなってしまうだろう。

そこで同センターがトライした施策は、スーパーバイザーなどの現場管理者に対しての「360度評価」だ。

まず、この360度評価の仕組みを紹介しよう。評価される人は各コールセンターの管理者で、評価する人は管理者のもとで働くオペレーター、管理者の上司、同僚だ。最初に、管理者の行動についての設問が用意された評価シートが全員に配られる。シートには、「管理者自身の意志や考えの伝達方法」「普段の立ち居振る舞い」「判断力や先を見据えた行動」「部下への接し方や指導方法」「コミュニケーションのとり方」などについて細かく設定された60の設問が用意されている。この設問に対して各人が点数をつけて評価し、集計した評価結果を同センターの人事担当者が本人にフィードバックする、という流れである。

「着手した背景には、『管理者のマネジメント力の向上』という課題がありました」と同センターを統括する統括部長は語る。管理者は、現場の生産性と品質を向上させて成果を出そうと日々必死に取り組んでいる。しかし、成果を追求するあまり、先のセンター同様、オペレーターに厳しい伝え方をしてしまう場合もあるという。

また、第1章「あくなき改善の原動力」でも触れたように、ベルシステム24で働く人々は、若くして大勢の人々を管理する立場を経験することが多い。経験を積んだオペレーターは、たとえ20代でも責任と権限を与えられ、100人、200人のコールセンターを取りまとめている。部下となるオペレーターの方が年上というケースもめずらしくない。そうなると、管理者によっては遠慮がちなマネジメントをしてしまうこともあるだろう。

一方、オペレーターは、多忙な業務をこなしながら一生懸命マネジメントに取り組んでいる管理者を見ると、ちょっとした不満や要望がいえない状況に陥ってしまう。本来であれば距離を縮めなくてはいけない関係なのに、お互いが形式的、表面的になってしまうのだ。

「管理者がオペレーターとの向き合い方を改善すれば、オペレーターに与える影響が変わってくるはず」

そう考えた統括部長は、さまざまな施策で試行錯誤をくり返したのち、かねてより構想をあたためていた360度評価の導入に踏み切ったのである。

360度評価といえば、一般的に見て、今やめずらしい取り組みではない。社員の行動改革や自己変革を目的に、導入・実施している企業は少なくない。ただ、その多くはシニアマネージャークラス以上のベテラン管理職を対象に実施している。しかし、ベルシステム24の同センターは違う。コールセンターの現場管理者は、先述のように若い人が多く、年代的に成熟しているとはいえない。そういった人々に360度評価を実施すれば、抵抗や反発が起こることも考えられる。それだけに、導入・実施を決断した裏には、かなりの覚悟があったに違いない。

「確かに抵抗や反発は起こるかもしれないと思いました。でも、我々の360度評価は、管理者自身を『良い悪い』と評価することが目的ではないのです」

評価結果を「周囲から見られている客観的なデータ」として受け止めてもらい、管理者自身の日常の行動を振り返ってもらうためのツールとして活用してほしい——そういう意図で導入された360度評価なのである。複数の他者から見た評価は「客観的な事実」であり、評価者1人だけの主観にはならない。しかも、管理者の日常の行動が60にもわたる細かな項目で定量的に示される。その客観的なデータを管理者が受け止めることができれば、向き合い方の改善につながるであろう。

そんな期待がかけられた360度評価。当初想起された抵抗や反発は、いざ実施してみてどうだったのだろうか。次に、実施後の現場を見てみよう。

若い人材を育てる施策としても機能

「初めて実施したときは、対象となる管理者全員が緊張していました」

そう語るのは、同センターで人事労務を担当しているスタッフだ。このスタッフは、集計した評価結果を各管理者にフィードバックする役目を担っている。一人につき約30分の面談を実施するのだが、最初は「怒られるのではないか」と面談に臨んだ管理者が多かったという。「個人を評価することが目的ではない」といわれていても、結果が悪ければ指摘されるのではないかと緊張してしまうのは当然かもしれない。そんな管理者たちに面談スタッフは、「ダメ出しの場ではありません」と緊張を解いていった。

「管理者本人は一生懸命に取り組んでいる自負があるので、良い評価であれば納得しますが、本人の自己評価とズレている場合は実は大きなショックを受けます」

中には結果を受け入れられず、冷めた反応や、やや反抗的な姿勢を示した人もいたという。結果が思わしくなければ「自分は周囲から否定されている……」とネガティブに受け止めてしまうに違いない。そのため、360度評価をスタートした当初は、「これでは自分が吊し上げにあっている状態ではないですか！」と反発する人もやはりいたという。

その一方で、データで客観的に示されることで「なんとなく気づいていたけれど、やっぱりそうか」と気づきを深めた管理者も多かったという。

「たとえば『オペレーターから話しかけられても、パソコンを触っていて顔を見て話をしていない』という行動は、本人は自覚があるのです。だから評価結果を見て『あっ、やっぱりここか』とその場で思い当たる。こちらから指摘をしなくても、データを見れば自分の課題に気づくのです」

そう、この取り組みは「管理者を評価すること」が目的ではない。あくまでも周囲との向き合い方を見直し、現場の人々が気持ちよく働き続けられるようにすることが目的なのである。そのためには管理者自身が自分で気づき、自発的に「変えよう」「良くするための努力をしてみよう」と思わなければ、改善につながりにくい。だから面談スタッフは指摘をするのではなく、「評価結果を伝えること」「管理者の話を聞くこと」に徹している。気持ちや考えをしっかりと聞き、その上で「こうすればよくなるのでは？」とフォローをする。そうして管理者自身が目標を決め、改善に向けて行動していく手助けをしているのだ。

ちなみに実施サイクルは3カ月に1回。一般的に360度評価は、1〜3年に1回実施するという企業が多いが、このセンターの場合は、短いサイクルで実施している。

「手間もコストもかかりますが、短いタームで実施することで、管理者との対話の機会を増やしたいと考えています」

と統括部長は語る。話を聞くことで、悩みやプレッシャーを解きほぐすことにもつながるというのだ。これまでの面談では、泣き出す人もいたという。「今まで相談できる人がいなくて、悩みを抱えてしまった。やっと吐き出すことができた」という感情の吐露の涙だった。

人はいいたいことを吐き出した後は冷静になり、「とはいえ自分はどうだろう」と自省する。だから、面談の場では改善目標を決めなかった管理者が、後になって「こんな目標を決めてみたのですが……」と相談してくることもあるという。

「面談に時間と労力がかかるのは事実です。でも対話を重ね続けていくと、本人が気づいてくれる。自主的な改善につなげていくためには、待つことも大切だと思っています」と統括部長はいう。

最初は厳しい評価を受けて悩んでいた管理者も、回を重ねるごとに自身の課題と周囲の期待に気づき、意志のある目標をもつように変わってきつつある。また、周囲からの評価と面談を受けて日常の行動を変えた管理者は、それが次の評価データにいかに反映されるかを楽しみにし始めているともいう。職場の人との向き合い方を改善することを目的にスタートした360度評価だが、若い人材を育てていく施策にもなっているといえるだろう。

評価する人、評価される人、面談で対話をする人――それぞれの立場の人が悩みながらも目線を上げて前に進み取り組んだ360度評価。同エリアでは取り組み着手から約1年で、退職率の低下という期待どおりの効果を生んだ。

「人との向き合い方」に唯一の正解はない。向き合う人ごとに考え方や価値観が異なるため、マネジメントする側も臨機応変に対応しなければならない。相手の気持ちを敏感に感じ取って真摯に向き合う、相手の反応を機敏に察して自分の行動を変える

——それしか方法はないといえるだろう。そうした地道なことを積み重ねて、そこに集う者同士が気持ちよく働ける職場をつくっていく。このセンターでは、そのような新鮮さを垣間見ることができた。

マインドチェンジで採用を変える

ここまで、ベルシステム24の現場でのリテンション事例を見てきたが、この章の冒頭で本社人材開発部のスタッフが「各現場では採用面の工夫もしています」と語っていたことを思い出してほしい。ベルシステム24では、リテンションだけに注力しているわけではない。事業の拡大にともない、新たな人材を集める工夫も続けているのだ。その採用の工夫についてもぜひ知りたい。なにしろコールセンタービジネスは、人材なくして成り立たないからだ。そこで最後に、首都圏のオペレーター採用を一手に引き受けている新宿のオフィスを訪れてみた。

取材に対応してくれたのは、首都圏採用チームのマネージャーとスタッフだ。

「首都圏の採用では、出張面接を行っています」

出張面接とはその名のとおり、応募者が住む近隣の地域へ採用スタッフが出張し、その地域で説明会・試験・面接を実施するという方法だ。応募者にはベルシステム24の新宿オフィスに来てもらうのではない。採用スタッフが応募者のもとへ出向くのである。

首都圏の場合、ベルシステム24所有のセンターとクライアント所有のセンターを合わせると、オペレーターの勤務先は首都圏全域の200カ所以上に点在している。そして、たとえば埼玉県の大宮で行う業務であれば、そこで働きたいという応募者はほとんどが大宮の近隣に住んでいる。さらに応募者が主婦であれば、通勤圏30分以内を勤務条件として考えているだろう。

「そのような方々に、時間をかけてわざわざ都心のオフィスまで足を運んでいただくことは、けっこうな負担になるはずですし、その発想自体がそもそもナンセンスですよね」

だから採用スタッフが各地に出向き、出張面接を実施しているという。

応募者は、実際に働くコールセンターがある場所やそこに近い場所で説明会が実施されることで、働くイメージが増す。また説明会後は、その場で試験・面接が行われるため、合否結果をより早く知ることもできる。応募者にとって、便利で安心できる選考といえるだろう。

「採用環境が厳しい状況下では、自分たちのオフィスで単に待っていてはうまくいきません。オペレーター採用を一つの〝サービス〟と考えれば、『選ぶ側』から『選ばれる側』へと変わる必要があります。受け入れる側のマインドチェンジが求められているのです」

出向くという手間や各地の会場を借りるコストがかかっても、応募者のところへ出向き、応募機会を創出する――。そうして応募しやすい環境をつくらなければ、人が集まるまで募集広告を出すことになり、さらに手間もコストもかかってしまうというわけだ。

この出張面接、首都圏では10名弱の採用スタッフが手分けをして各地に飛び、多いときには1日に3カ所で実施しているという。

「十数名集まる回もあれば、数名しか集まらない回もあります」

それでも、応募者視点に立って応募者が住むエリアに行き、応募者が慣れた地域で、安心して試験・面接に臨めるよう、密な対話をしているのである。

さらに採用スタッフは、もうひと工夫の手間をかけている。「プレコール」というフォローだ。説明会へ事前申し込みをした応募者に、当日が近づいたら「あさっての説明会と面接へのご参加をよろしくお願いします。会場でお待ちしております」と電話をかけるのだ。こうした丁寧なフォローが、より安心につながることは間違いないだろう。

応募者の心理や行動を想定し、どこまでも応募者の視点に立って採用活動を展開する。応募者は、丁寧にスピードをもって対応してくれたベルシステム24に対して、きっと好感をもつであろう。

こうして見ていくと、「採用」という入り口から、気持ちよく働いてもらう工夫に取り組んでいるといえるのではないだろうか。

当たり前のことを継続する大切さ

「採用」から、長く気持ちよく働いてもらうための「リテンション」まで、ベルシステム24の現場では、さまざまな取り組みを地道に展開していることがうかがえた。

ただし、これらの施策は、特別めずらしいものではない。一般企業でも多く実施されている施策である。

しかし、何度も繰り返すが、コールセンターの最前線で働く人々は、働く動機も出自も多種多様だ。はじめからモチベーションが高い人もいれば、最初は低い人もいるかもしれない。人生経験を積んでいる最中の若者であれば、明快な志をもたずに入社した人もいるだろう。でも、そうした人々に対して、ベルシステム24のマネージャーやスタッフは、「気持ちよく働き続けてほしい」と真摯に向き合っている。それは「クライアントから受託する業務のニーズが拡張している。採用を工夫して注力はしているものの、それだけでは追いつかない。だからオペレーターを今以上にケアしていかなければ」という危機感によるアクションかもしれない。

それでも取材チームは、この章で見てきた施策や取り組みの中に、ベルシステム24の成長につながると思われる二つの共通ポイントを見つけた。

一つは、「モチベーションへの働きかけ」である。いずれの施策も、結果的にオペレーターや管理者へのモチベーションに働きかけるものになっていた。そして、それらの取り組みでは、人材育成や人材マネジメントの定石とされている「ハーズバーグの動機づけ・衛生理論」が自然に実践されていると感じたのである。

「ハーズバーグの動機づけ・衛生理論」は、アメリカの臨床心理学者であるフレデリック・ハーズバーグが提唱した「仕事における満足感を引き出す理論」だ。「仕事の満足感を引き出すためには、衛生要因をいくら取り除いても満足感を引き出すことにはつながらず、動機づけ要因にアプローチしなくてはいけない」と説いている。衛生要因とは、給与や労働条件、施設の環境などであり、これらの問題を取り除いても、満足は長続きしないといわれている。一方、動機づけ要因は、仕事の達成や周囲からの承認（評価）などであり、これらにアプローチすることで、仕事の満足感が引き出されるとされている。

意図的かそうでないかはともかく、この「ハーズバーグの動機づけ」が、ベルシステム24の現場では実践されていると感じ取れたのだ。オペレーターの満足感が引き出されれば、ゆくゆくはそれが大きな力となって、ベルシステム24のさらなる成長につながるであろう。

さて、もう一つの共通ポイントだが、それは「対話」である。どの取り組みにおいても対話を大切にしていると感じた。物流サポートのチームでは、オペレーターへの評価・フィードバックで対話を大切にし、センター上げての３６０度評価では、管理者への評価面談で対話を大切にしていた。

あらためて考えると、ベルシステム24のコールセンターで働く人々は「対話」を生業としている。つまり、誰よりも対話の重要性を理解しているはずであろう。だから、生業以外の場面でも、自然と対話を大切にしているのだろう。意識的かもしれないし、無意識かもしれない。いずれにしても「対話」の大切さを実感していて、それがオペレーターのケアや職場での関係構築の場面で実践されているのだと感じた。

「モチベーションへの働きかけ」も「対話」も、人を生かし、よい組織づくりをしていく上では、当たり前の取り組みといえるだろう。しかし、当たり前のことを当たり前に行っていくことは、意外と難しいものである。目の前の業務に忙殺されると、ついおろそかになりがちだ。だからこそ、当たり前のことを地道に継続していくことが、重要なのではないだろうか。ベルシステム24の成長も、〝当たり前の継続〟がベースとなるのではないかと思う。

終　章
サービス業の革新に挑む

「ベルらしさ」が生まれる理由を追って

密度の濃い、取材と執筆の日々が終わった。

『対話の達人Ⅲ』取材チームのライター3名は、2015年冬から2016年春にかけてベルシステム24の全国の拠点を駆けめぐり、数十名のスタッフから話を聞かせていただいた。目的は、ベルシステム24という企業が世に繰り出すサービスの価値を探り当て、その姿をくっきりと浮かび上がらせること。それは序章に記されているとおりであり、その奮闘の結果が本書である。

私たちはさまざまな企業の取材を経験しているが、常日頃、ベルシステム24という企業には「なんとなく、他とは違うところがある」と感じていた。もちろん、どの企業にも独自性はある。しかし、その企業色、企業風土が育まれてきた背景や道筋がそれなりに想像できたり、把握できたりする企業が多いのに対して、この会社の場合、なかなか簡単に納得できる答えが見つからないのだ。

本書を読んでいただけるとおわかりのように、ベルには「どうしてここまでするのか」と思うほどの改善のエネルギーや他者貢献の意識が、隅々まで浸透している。このような一貫した「ベルらしさ」を誰もがもてていることが、まず不思議である。

というのは、ベルシステム24は経営層が何度も入れ替わっているし、カスタマーと最前線で接するオペレーターといえば、人数は2万数千人以上、しかもその属性は比類なく多様である。会社としてのアイデンティティが保ちやすい状況とは決して思えないのに、どの拠点のどのスタッフもはっきりとベルらしい色彩を帯びている、その点にいつも興味をひかれていた。

私たちは、そのような会社の状態がどのようにしてつくりだされているのかを知りたかった。それを探ることで、ベルシステム24のもつ本質的かつ特別な価値が、くっきりと姿を現すのではないかと予想されたからだ。ベルカラーを生み出している、創業以来30年を超える歴史における「進化」と「深化」、そして現在から未来につながる「真価」を、私たちは追った。

共通項をヒントに掘り当てた水脈

取材は驚きの連続だった。

たとえば、コールセンター事業をベースにはしていても、業容はとてつもなく多様であったこと。しかも、クライアントに自ら提案し、場合によってはクライアントの事業の形そのものにさえ働きかけてしまうような会社だったこと。ほとんどコンサルティングといっていいような業務まで、ベルシステム24は行っていた。この会社の業務内容が多様だという知識はあったが、それでも基本的に「電話の会社」に変わりはないと思っていた。しかし実際は、「電話の会社」という範囲を大きく逸脱していた。まったく「電話だけの会社」ではなかった。

どの拠点、どの事業の話を聞いても、スタッフはできあがった仕事、安定的にまわっている状況に留まっていないということも、途中で気づき始めたことの一つだった。がむしゃらに目標に向かい、それを達成し、少し落ち着いて仕事が回るようになると、いつでも誰でも、よりよい実績、より効果的なやり方を求めて必ず動き始める。うまくいっているからといって、「これでよし」と思わない。オペレーション方法、教育や評価方法、現場で用いるツールやシステム、ターゲット、受託範囲――、現場では、いつでも何かが変化の渦中にあった。より正確にいえば、現場の人々が能動的に改善に取り組み、それらをよりよいものへと変化させようとしていた。業界大手であり、業界のリーディングカンパニーであるにもかかわらず、どの現場も「安住」という言葉とは無縁だった。

各現場におけるそのようなチャレンジの積み重ねが、この30年間、ベルシステム24を少しずつ進化させてきたといえる。ヒューマンビジネスは、泥臭いところのある地道なビジネスだが、それを進化させる営みも、やはり人の想いとコツコツとした取り組みが不可欠な泥臭いものだったということだ。そうやって現場の人々が自分たちで試行錯誤しながら進化させてきたものだからこそ、経験値やナレッジが厚く積み重なり、その価値は深みを増していったのだろう。

進化・深化させていくモチベーションの源泉を尋ねると、多くのスタッフが「お客様が喜んでくださるから」と答えることも印象的だった。もちろん背後には現実的で論理的な理由があるだろう。しかし、まず出てくるのは、そのようなエモーショナルな言葉だった。お客様が喜んでくれるのもうれしければ、チームの仲間と取り組んだことが成功すること自体もうれしい。それは、過去のプロジェクトについて語っていただくときに、仲間が頑張っていた姿を詳細に記憶し、その頑張りをなんとか伝えようと熱心に語ってくださる姿からも伝わってきた。誰かに喜んでもらえることが本当にうれしいのだと、多くの拠点で実感させられた。

そのようなスタッフの方々の行動は、私たちに対しても変わらなかった。取材にうかがうと、「自分の話でよいのですか」と戸惑いを見せるような、ある種の奥ゆかしさがあるのだが、いざ取材が始まると、こちらの希望に応えようと、とても一生懸命に話してくださる。そして、どの方のお話も深い含蓄に富んでいた。

第1章から第7章では紹介しなかったが、若手の女性スタッフが語った言葉は特に印象的だった。クライアントにどう寄り添うか、そのときの気持ちや具体的な方法を聞いていたときのことだ。

「相手に寄り添うというより、相手のことを想う、あるいはその〝時間を想う〟と考える方がしっくりきます」

そう彼女はいったのだ。時間は1回しか流れないから、お預かりしたこの時間を大切にしたい、と。この若いスタッフは、担当しているクライアントに対して「一期一会」を意識し、最善を尽くそうとしていた。

このスタッフに限らず、クライアントへの想いを語る言葉は随所で耳にした。所属する事業部や社内の立場、担当している業務の規模は異なっても、お会いした方々は皆、それぞれの形でクライアントに寄り添い、クライアントになりきり、最善を尽くすために努力をしていた。

そのように、距離の離れた拠点で、以前聞いたものと同じような言葉を耳にしてハッとしたり、ドキッとしたりした例は枚挙にいとまがない。スタッフの話に出てくるこういった行動やマインド、手法などの共通項が〝ベルカラー〟をつくり上げているのだろう。取材を始めてしばらく経ったころ、共通項とその背景をすくい上げていくことでベルの価値が導き出されるだろうという予想は、確信に変わり始めた。

今回の取材の旅を通して見つけたそのような共通項、すなわちベルシステム24のパワーの源泉ともいうべきものは、これまでのオペレーターによるエッセイ集（『対話の達人』『対話の達人Ⅱ』）だけではうかがい知ることのできないものだ。いわばそれは、この会社の根底に脈々と流れる〝地底流〟〝鉱脈〟のようなものだといえる。スタッフたちの言葉は、小さな湧水であり、きらりと光る鉱石のかけらであり、私たちはそれらの光を手掛かりに、地底に流れる水脈や鉱脈の存在を発見していったのである。それは、あたかも宝探しのようだった。

発見したそれらの水脈、鉱脈は、想像をはるかに超えて滔々と流れ、また、深く広範囲に脈々と広がっていた。表面にはなかなか表れ出てくるものではないが、、２６０００人ものオペレーターが働くベルシステム24の現場を動かしているパワーは、紛れもなく、そのようなものであると思われた。

どこにもない高次元のサービス業へ

ベルシステム24のこれまで、そして現在の価値を探りながら、同時に考えていたのは、この会社は将来どうなっていくのだろう、ということだった。

本書では触れなかったが、実は取材が終わりに近づいたころ、経営トップの話をうかがう機会をもたせていただいた。この問いに対するヒントを得たいと考えたためだ。そのときにお伺いしたのは、「ベルが目指すべき次元はもっと高いはず」というニュアンスの言葉だった。

「目指すべき次元」とはいったい、どのようなレベルのことなのだろうか。

現在でも、改善活動を繰り返して着実に品質と生産性を高めていくこと、クライアントの視点に立ちそのニーズに徹底して向き合うこと、MNCスタイルの導入などによってグローバル化を進めていくことなどを通して、ベルの強みを発揮しながら進化を続けている。しかし、おそらくそれは行って当然だということなのだろう。

では、それとは異なる次元のサービスとはどのようなものか、右記の品質、生産性、顧客（ユーザー）視点というキーワードをから展開させて考えてみたい。

第6章「品質と生産性を高次元で相乗させる」でも示したように、日本の製造業はかつて、徹底した品質管理と新製品の開発力、使う人の立場に立ったきめ細かな設計思想によって、世界の製造業の中で不動の地位を確立した。製造工程だけでなく、品質も、徹底したユーザー視点（これは、製造業におけるホスピタリティだといってもよいだろう）も、個々の要素に分解してそのプロセスを徹底的に標準化・可視化した。そして、その成功モデルを継続的に拡大再生産させ、それを収益と連動させることができたために、日本の製造業はナンバーワン品質を実現することができた。

このような品質と生産性を相乗させる方法は、製造業でしか取り入れられないものなのだろうか？　そんなことはない。サービス業でも、品質と生産性をかけ合わせて効果を出すことができることは紹介したとおりである。

では、ここにさらにもう一つの要素である「ユーザー視点＝ホスピタリティ」を融合させてはどうだろうか。日本の製造業が品質と生産性に加えてこの点も備えていたことで、世界でも稀な高次元に到達できたように、品質と生産性、ホスピタリティをかけ合わせることで、サービス業に新しいビジネスモデルを生み出すことができるのではないだろうか。「目指すべき次元」は、そのようなことなのではないかと思われた。

長期間に及んだ取材と、最後の経営トップの言葉を通して得た私たちの結論は、「ベルシステム24は、サービス業をそのような高い次元に押し上げていくことを目指している」というものだ。

品質については、常に高める努力を続けている。品質と生産性を相乗させる取り組みも効果を上げ始めている。そして『対話の達人』『対話の達人Ⅱ』に見るように、ホスピタリティはすでにあふれるほどもっている。これらの要素に、さらに効果的なサービスプロセスを融合させることで、いまだ誰もなし得ていない高次元のサービスとして結晶化させることができるのではないだろうか。ベルシステム24がこの先に見据えているのは、そのような、まったく新しい価値を提供することであるように感じられた。

目指していないことを実現するのは難しい。本書を出版することで、ベルシステム24は、そのようなサービス業のさらなる高みを目指し、必ず実現させるのだと宣言しようとしたのではないか。すべての取材を終えた今、私たちにはそのような思いが強まっている。

もちろん、誰も到達したことのない高みになど、そう簡単に行きつけるものではないだろう。しかし、私たちはすでに知っている。ベルシステム24は現状に満足している成功者ではなく、あくなきチャレンジャーであり続けていることを。

先の〝地底流〟は、言い換えれば〝人を動かす人のチカラ〟ということができる。この力が連綿と受け継がれていく限り、ベルシステム24は着実にこの先も、サービス業としてあるべき理想の姿に向かっていくだろう。10年後、20年後にこの会社がどのような進化を遂げているのか、心からそれを目にしたいと思っている。

『対話の達人Ⅲ』取材チーム

参考文献

田坂広志『使える 弁証法』東洋経済新報社、2005年
中沢康彦著、日経トップリーダー編『星野リゾートの教科書』日経BP社、2010年
ヤン・カールソン著、堤猶二訳『真実の瞬間』ダイヤモンド社、1992年
ダニエル・ピンク著、大前研一訳『モチベーション3・0』講談社+α文庫、2015年

取材・執筆
桜井裕子　鈴木はる奈　村松真由美

編集協力
株式会社ターフビジョン
板倉雅之

企画協力
株式会社ベルシステム24
濟木基成　島田道大　笹森正継
株式会社ベルシステム24ホールディングス
沖　早織

企画・編集
株式会社ベルシステム24ホールディングス広報IR室
高場正能　笹本夏生

対話の達人Ⅲ――進化・深化・真価

初版第1刷発行　平成28年5月26日
著　　者　『対話の達人Ⅲ』取材チーム
発 行 人　柘植一郎
発 行 所　株式会社ベルシステム24ホールディングス
発 売 所　株式会社出版文化社
〈東京本部〉
〒101-0051 東京都千代田区神田神保町2-20-2 ワカヤギビル2階
TEL：03-3264-8811（代）　FAX：03-3264-8832
〈大阪本部〉
〒541-0056 大阪府大阪市中央区久太郎町3-4-30 船場グランドビル8階
TEL：06-4704-4700（代）　FAX：06-4704-4707
〈受注センター〉
TEL：03-3264-8811（代）　FAX：03-3264-8832
E-mail：book@shuppanbunka.com
印刷・製本　株式会社シナノパブリッシングプレス

ISBN978-4-88338-598-0 C0034